八五普法·生活中的法律常识系列

民法典
合同
法律常识小全书

案例自测实用版

全民普法图书中心◎著

中国法制出版社
CHINA LEGAL PUBLISHING HOUSE

出版说明

2020年12月，中共中央印发了《法治社会建设实施纲要（2020—2025年）》，由此，我国的普法工作迈进了第八个普法阶段。回首过去，我国的普法工作取得了很高的成就，有序的社会秩序、坚定的法治信仰在社会生活中落根繁衍，人们的法律意识日益增强，大家学习法律的热情也愈加高涨。特别是，随着《中华人民共和国民法典》《中华人民共和国刑法修正案（十一）》等重要法律法规的出台，许多与我们的生活密切相关的法律条文发生了变化。了解法律，学习法律，运用法律，势在必行。

在此，为了帮助大家学习法律知识，我们特别推出了一套《生活中的法律常识系列》。下面，我们一起来看看本套书的主要特色。

第一，内容广泛，分类科学。本套书的分册涉及物权、合同、抵押、婚姻继承、劳动、劳动合同、犯罪、道路交通、医疗、日常维权等多个领域，能充分满足大众学习法律知识的需求。并且，每个分册涉及法律知识门类专一，可以有效满足群众针对性学习法律知识的需要。

第二，以案说法，通俗易懂。众所周知，法律条文本身存在一定的晦涩难懂性，特别是对于一些法律术语，很多人不知其中含义，由此给大家的自学法律之路造成了一定的障碍。而对于法律普及工作而言，让读者看得进、想得通、搞得懂，是我们工作的价值所在。因此，本套书采用了以案说法、情景带入式的普法方式，让人们在案例故事及后续分析中感受法律的内涵，汲取法律的智慧。

第三，贴近实际，学以致用。法律是调控社会的工具之一。作为大众读者，我们学习法律的目的不外乎懂法、知权、维权、预防和解决纠纷等。那么，我们学习法律知识，阅读法律书籍就不能走马观花，一带而过，而是要进行深入的思考和领会。为此，我们在每一个案例分析后面，对应加入了“自测小题”板块，从而可以更好地让大家检验和巩固学习效果，达到学以致用的目的。

当然，本套书的更多内容和特色还需要大家品味之后才能一一领会。在此，我们也诚邀各位读者多提出批评与建议。

党的十九大把法治社会基本建成确立为到2035年基本实现社会主义现代化的重要目标之一。普法工作意义重大、任重道远。希望你我都能在普法大潮中乘风破浪，勇往直前。衷心希望本套书能成为各位学习法律的得力助手。

目 录

第一章

合同的订立与效力

如何区分要约与要约邀请？

案例实录

赵某为一果品收购商，因上一年度果品产量低，其收购的果品很少，导致严重亏损。为了弥补去年的损失，赵某欲在今年大量收购果品。遂在今年苹果还未到收获季节便向果农发出宣传材料，称“今年质优果品，我将以高于市场价格收购”。结果，今年果品大丰收，赵某收购的苹果已经是去年的两倍多，果农还在源源不断地送货，赵某又开始担心收购果品过多无法销售，遂拒绝收购果农再送来的苹果。果农认为赵某的行为构成违约，因为他发出的宣传材料上写有“将以高于市场价格收购”的要约，而赵某认为自己的行为只是要约邀请，并不构成要约，所以可以拒收果品。那么，赵某的宣传材料究竟属于要约还是要约邀请？二者的区别是什么呢？

律师分析

要约是一方当事人向另一方当事人提出订立合同的条件，希望对方能完全接受此条件的意思表示。要约邀请，即要约引诱，是指一方邀请对方向自己发出要约的行为。从法律性质上看，要约是当事人旨在订立合同的意思表示，一经承诺就产生合同成立的后果，所以，要约在发生以后，对要约人和受要约人都应产生一定的拘束力。但要约邀请不具有法律意义，只是一种事实行为：要约邀请只是引诱他人向自己发出要约，在要约邀请人撤回其邀请时，只要未给善意相对人造成信赖利益的损失，邀请人并不承担法律责任。本案中的赵某发给果农的宣传材料，只是希望果农提供苹果，对质优苹果才会“以高于市场价收购”，不符合《民法典》第四百七十二条规定的要约应当内容具体确定的要求，不能认定为要约，只能是一种要约邀请。所以，果农提出的赵某的宣传材料为要约的说法不能得到认同。

法条链接

《中华人民共和国民法典》

第四百七十二条　要约是希望与他人订立合同的意思表示，该意思表示应当符合下列条件：

（一）内容具体确定；

（二）表明经受要约人承诺，要约人即受该意思表示约束。

第四百七十三条　要约邀请是希望他人向自己发出要约的表示。拍卖公告、招标公告、招股说明书、债券募集办法、基金招募说明书、商业广告和宣传、寄送的价目表等为要约邀请。

商业广告和宣传的内容符合要约条件的，构成要约。

温馨提示

要约邀请是一方当事人邀请另一方当事人向自己发出要约。要约是以订立合同为目的具有法律意义的意思表示，一经发出就产生一定的法律效果。而要约邀请的目的是让对方向自己发出要约，是订立合同的一种预备行为，在性质上是一种事实行为，并不产生任何法律效果：即使对方依邀请向自己发出了要约，自己也没有承诺的义务。因此，要约邀请本身不具有法律意义。

自测小题

选择：范某下班路上看见一个楼盘广告，载明："临近奥林匹克公园——尽享健康生活；入户即享树人小学入学指标；您下单，我守诺，共创和谐家园……"范某很是动心，因为树人小学是该市教学质量最好、最难进的小学。于是，范某一周后就与该房地产公司签订了买卖合同。该广告属于①(　)。

A. 要约

B. 要约邀请

C. 承诺

离职后以公司名义签订的合同有效吗?

案例实录

方某以前是某公司的业务经理，因为挪用公司5万元资金而离职。离职以后，方某手里还掌握着公司大量的空白合同书。由于方某在职期间工作能力很强，很受公司总经理的器重，但是挪用公款一事又让总经理对他恨铁不成钢。方某离职后，又帮助公司签订了好几个合同，为公司带来近8万元的利润，总经理知悉以后，对这种"地下工作"也是睁一只眼闭一只眼。方某代表公司与上海某公司签订30万元的货物买卖合同，合同签订以后，上海某公司一直没有履行。公司总经理与对方洽谈的时候对方指出，方某已不是公司的业务经理，他不能代表公司，签订的合同也是无效的，无效合同没有履行的前提。离职的业务经理签订的合同有效吗?

---

① 解答：B。

律师分析

方某作为公司的业务经理离职后代表公司与其他公司签订合同属于表见代理行为。表见代理是指行为人虽无代理权，但由于本人的行为，造成了足以使善意第三人相信其有代理权的表象，而与善意第三人进行的、由本人承担法律后果的代理行为。表见代理实质上是无权代理，是广义无权代理的一种。表见代理一般需要表见事由，表见事由包括：工作证、空白合同书、介绍信及商业惯例。方某离职后不代表公司，但是他手里有公司的空白合同书，上海某公司有理由相信他可以代表公司，并与之签订合同，合同是有效的。表见代理虽属无权代理，但是，只要存在相对人有理由相信行为人有代理权的事实，表见代理成立，行为人的代理行为就应当按有效的代理来看待；在此情况下，所签订的合同就应当是有效合同。上海某公司认为方某是公司的合法代表并与之签订合同，他们的合同已经生效，上海某公司后来提出的方某不再是公司的业务经理，不能代表公司，是不成立的，对于该合同上海某公司应该履行。

法条链接

《中华人民共和国民法典》

第一百七十一条　行为人没有代理权、超越代理权或者代理权终止后，仍然实施代理行为，未经被代理人追认的，对被代理人不发生效力。

相对人可以催告被代理人自收到通知之日起三十日内予以追认。被代理人未作表示的，视为拒绝追认。行为人实施的行为被追认前，善意相对人有撤销的权利。撤销应当以通知的方式作出。

行为人实施的行为未被追认的，善意相对人有权请求行为人履行债务或者就其受到的损害请求行为人赔偿。但是，赔偿的范围不得超过被代理人追认时相对人所能获得的利益。

相对人知道或者应当知道行为人无权代理的，相对人和行为人按照各自的过错承担责任。

第一百七十二条 行为人没有代理权、超越代理权或者代理权终止后，仍然实施代理行为，相对人有理由相信行为人有代理权的，代理行为有效。

温馨提示

法律设立表见代理制度是为保护合同相对人的利益，并维护交易的安全，依诚实信用原则使怠于履行其注意义务的本人直接承受行为人没有代理权、超越代理权或者代理权终止后仍为代理行为而签订的合同的责任。

自测小题

选择：万某原是虎威公司的法定代表人，上个月，万某以自己多次决策失误给公司造成巨大损失为由引咎辞职。公司批准了万某的辞呈，但没来得及去市场监管局办理变更登记。后万某以虎威公司名义与不知情的齐齐公司订立了一份买卖合同，该合同的效力①( )。

A. 有效　　B. 待定

C. 可撤销　　D. 无效

对方故意拖延合同签订进程怎么办?

案例实录

某电子产品生产厂得知某科技公司将大量采购电子产品的信息后

---

① 解答：A。

到该科技公司进行磋商，希望获得这次交易机会。但是该电子产品生产厂因正在完成某一订单任务，无法在科技公司要求的一个月内完成其订单，便故意以其他借口拖延合同签订时间。一个多月后，该电子产品生产厂仍未完成之前的订单，意识到无法与科技公司合作，只能放弃签约。科技公司因与该电子产品生产厂长期磋商，耽误了寻找其他合作厂家的时机，得知实情后要求电子产品生产厂赔偿其损失。请问，隐瞒事实拖延合同签订时间的，怎么处理？

律师分析

电子产品生产厂为争取签约机会，在与科技公司进行磋商时，故意拖延签订合同的时间构成缔约过失责任。缔约过失责任是在合同订立阶段，基于订立合同中的过失而产生的，是违反先合同义务的结果。所谓先合同义务，是当事人为缔约而互相磋商时，基于诚实信用原则而发生的各种说明、告知、注意以及保护等义务。缔约过失责任是一种法定责任，当事人不能对其加以约定，该责任要求违反先合同义务的缔约人有过错，且违反先合同义务的行为与损失之间具有因果关系。缔约过失责任的形式只限于损害赔偿，不包括其他责任形式，赔偿范围为信赖利益的损失，赔偿范围没有限制性。电子产品生产厂恶意进行磋商，给该科技公司造成损失，依照《民法典》第五百条规定，应当承担损害赔偿责任，即承担缔约过失责任，赔偿对方经济损失。

法条链接

《中华人民共和国民法典》

第五百条　当事人在订立合同过程中有下列情形之一，造成对方损失的，应当承担赔偿责任：

（一）假借订立合同，恶意进行磋商；

（二）故意隐瞒与订立合同有关的重要事实或者提供虚假情况；

（三）有其他违背诚信原则的行为。

温馨提示

双方当事人在订立合同时应以诚实信用为原则，不得假借订立合同，进行恶意磋商或进行其他违背诚实信用原则的行为。如果存在恶意磋商或者故意隐瞒与订立合同有关的重要事实、提供虚假情况的行为，则构成缔约过失责任，该行为给对方造成经济上或者其他类型损失的，有过失的一方应当依法承担相应的损害赔偿责任。

自测小题

选择：下列哪些情形下，佳佳公司需要承担缔约过失责任?[①]（ ）

A. 佳佳公司为拓展业务，同时与多家公司进行磋商，择优选择供应商

B. 与富力公司磋商后，为降低底价，佳佳公司将该公司的商业秘密泄露给福源公司

C. 佳佳公司故意隐瞒自己尚未拿到牌照的情况，与成宇公司订立合同

价目表和拒绝合作通知同时到达，怎么办?

案例实录

某板材批发公司主要经营各种板材，经常会给其潜在客户发送价目表，希望开拓公司的市场。某装修公司接到该板材批发公司的价目

① 解答：BC。

表后，对表上的每张51元的细木工板非常感兴趣，来电询问具体情况。装修公司表示他们需要购买一大批细木工板，愿以每张49元的价格承购。该板材批发公司回电说，他们根据市场的具体情况决定将细木工板的价格调整为每张50元，如果装修公司不能接受就过一个星期再给装修公司发送新的价目表，到时双方再做协商。不到一个星期，装修公司接到板材批发公司新的价目表和拒绝合作通知。在通知上，板材批发公司称，他们经过商量后认为，现在市场细木工板走俏，他们以每张52元的价格发货，都存在货源紧缺的情况，因此决定不接受装修公司的价格，不与其合作。价目表和拒绝合作通知同时到达，装修公司该怎么办？

律师分析

板材批发公司给装修公司寄送价目表的行为属于要约邀请行为，装修公司回复要求每张细木工板以49元的价格成交，属于要约，板材批发公司对细木工板每张50元的价格回电，也属于要约。任何一个合同的订立，都必须经过要约阶段，没有要约，合同便没有成立的前提和基础。同理，任何一个合同的订立，都必须经过承诺阶段，没有承诺合同就不能成立。合同当事人既然可以发出要约，同样也可以撤销或撤回要约，要约人如果撤回要约，则要约丧失了法律约束力，即不再对要约人和受要约人产生约束。但是我国《民法典》规定，要约人确定了承诺期限或者以其他形式明示要约不可撤销，或受要约人有理由认为要约是不可撤销的，并已经为履行合同做了准备工作的情况下要约不可以撤销。该装修公司发出的要约，并没有规定承诺期限也没有以其他形式明示要约不可撤销，装修公司也没有为履行合同做出准备工作，说明板材批发公司的要约是可以撤销的。板材批发公司的新价目表和拒绝合作通知书同时到达装修公司，是板材批发公司在发出新的要约的同时又撤销了该要约，装修公司不能主张对板材批发公司的承诺。

法条链接

《中华人民共和国民法典》

第一百四十一条　行为人可以撤回意思表示。撤回意思表示的通知应当在意思表示到达相对人前或者与意思表示同时到达相对人。

第四百七十五条　要约可以撤回。要约的撤回适用本法第一百四十一条的规定。

第四百七十六条　要约可以撤销，但是有下列情形之一的除外：

（一）要约人以确定承诺期限或者其他形式明示要约不可撤销；

（二）受要约人有理由认为要约是不可撤销的，并已经为履行合同做了合理准备工作。

第四百七十七条　撤销要约的意思表示以对话方式作出的，该意思表示的内容应当在受要约人作出承诺之前为受要约人所知道；撤销要约的意思表示以非对话方式作出的，应当在受要约人作出承诺之前到达受要约人。

温馨提示

撤回是要约发出之后，在发生法律效力前，要约人欲使该要约不发生法律效力的意思表示。撤回要约的通知应当在要约到达受要约人之前或者与要约同时到达受要约人。撤销是要约发生法律效力之后，但在受要约人承诺前，要约人欲使该要约失去法律效力的意思表示。撤销要约的通知应当在受要约人发出承诺通知之前到达受要约人。要约未生效时可以撤回，要约生效后只能撤销。要约的撤回和撤销虽然时间上不一样，但是效力是一样的。

自测小题

选择：何种情况下，承诺人撤回承诺的意思表示产生撤回效力？[1]（　）

A. 承诺人可以随时撤回承诺，任何时候的撤回表示都有效

B. 撤回承诺的通知在原承诺到达相对人之前到达相对人

C. 撤回承诺的通知与原承诺同时到达相对人

已经发出的货物与要约内容不一致如何处理？

案例实录

某宾馆向某养鸡场打电话询问有无优质放养鸡，养鸡场回应现有100只优质放养鸡，只是价格贵，为15元/斤。宾馆也认为太贵，希望可以降到12元/斤，如果养鸡场可以接受这个价格，就请立即发货50只。养鸡场经理认为12元太便宜，他们最低可以承受的价格是13元/斤。于是，他派人将50只鸡送出，约125斤，并电话告之宾馆经理，他们已经运了50只放养鸡到宾馆，请接受13元/斤的价格。宾馆总经理觉得养鸡场变更了要约价格，虽然养鸡场已经发出了货物但自己还是无法接受，于是决定撤销合同。那么，针对本案这种情况，已经发出的货物与要约内容不一致该如何处理呢？

律师分析

合同的标的、数量、质量、价款等是合同的基础，如果对这些项目进行了变更，其实也就是对合同进行了变更。我国《民法典》规定，承诺的内容应当与要约的内容一致。受要约人对要约的内容作出实质性变更的，为新要约。有关合同标的、数量、质量、价款或

---

① 解答：BC。

者报酬、履行期限、履行地点和方式、违约责任和解决争议方法等的变更，是对要约内容的实质性变更。养鸡场经理将合同中每斤放养鸡的价格从对方认定的 12 元变更为 13 元，是对要约的实质性变更，其所做的承诺为新要约。至于其主动送 50 只放养鸡到宾馆的行为，是其自己的行为，与宾馆没有关系。该买卖合同并未有效成立，因此宾馆总经理不具备撤销合同的前提。但是他可以就养鸡场送出的货物与要约内容不一致为依据，主张合同不成立，拒绝接受这 50 只鸡。

法条链接

《中华人民共和国民法典》

第四百八十八条　承诺的内容应当与要约的内容一致。受要约人对要约的内容作出实质性变更的，为新要约。有关合同标的、数量、质量、价款或者报酬、履行期限、履行地点和方式、违约责任和解决争议方法等的变更，是对要约内容的实质性变更。

第四百八十九条　承诺对要约的内容作出非实质性变更的，除要约人及时表示反对或者要约表明承诺不得对要约的内容作出任何变更外，该承诺有效，合同的内容以承诺的内容为准。

温馨提示

承诺的内容应当与要约的内容一致，不得作任何实质性更改，这是一项基本的原则。否则，视为新的要约。承诺对要约的内容作出非实质性变更的，除了要约人及时表示反对或者要约表明承诺不得对要约的内容作出任何变更的以外，该承诺有效，合同的内容以承诺的内容为准。

自测小题

选择：承诺可以以何种方式作出?[1]（ ）

A. 以通知方式作出

B. 特定情况下，也可以根据交易习惯通过行为作出

C. 要约表明承诺可以通过行为作出时，可以通过行为作出

迟到的承诺还有法律效力吗?

案例实录

万某的一人公司主要经营广告业务，随着广告业的竞争加剧和广告制作成本的增大，他的广告公司经营状况越来越差。万某逐渐对广告的经营运作不怎么用心，准备将手头几个订单做完就关门歇业。

一天万某收到其以前合作伙伴某制药公司的广告要约书，要求万某为其制作电视广告，报酬为10万元。万某看到该要约书注明的承诺有效期只有两天了，一边责骂对方工作人员不负责任，一边抓紧制作计划书，第二天便将承诺和计划书一起发给制药公司。偏偏天公不作美，突降大雨，本来一天就可以到的信件，这一次却三天才到。万某认为他的承诺到达制药公司时早就过了承诺期，自己失去一个大订单。没想到制药公司来电通知他前去签订合同，并预祝合作愉快。迟到的承诺也有效吗?

律师分析

受要约人在要约的有效期限内发出承诺通知，依通常情形能够及

---

① 解答：ABC。

时到达要约人，但由于其他原因而迟到的，属于未迟发而迟到的承诺。“其他原因”是指受要约人预料之外的原因，也即受要约人对该事由的发生无主观上的过错。对于这样的承诺，我国《民法典》规定，除要约人及时通知受要约人因承诺超过期限不接受该承诺外，该承诺有效。万某在得到要约信息后，及时进行了承诺，并为该合同做了计划书，他的承诺书本可以在一天之内到达要约人某制药公司，但是因天降大雨信件三天才到达对方公司，制药公司同意合作，是合理合法的。

法条链接

《中华人民共和国民法典》

第四百八十六条　受要约人超过承诺期限发出承诺，或者在承诺期限内发出承诺，按照通常情形不能及时到达要约人的，为新要约；但是，要约人及时通知受要约人该承诺有效的除外。

第四百八十七条　受要约人在承诺期限内发出承诺，按照通常情形能够及时到达要约人，但是因其他原因致使承诺到达要约人时超过承诺期限的，除要约人及时通知受要约人因承诺超过期限不接受该承诺外，该承诺有效。

温馨提示

企业在实际经营中应当注意“未迟发而迟到的承诺”，现在通行的做法是如果要约人不愿意接受，即负有对承诺人发迟到通知的义务。要约人及时发出迟到通知后，该迟到的承诺不发生效力、合同不成立。如果要约人怠于发迟到通知，则该迟到的承诺视为未迟到的承诺，具有承诺的效力、合同成立。

自测小题

填空：承诺______合同成立，但是法律另有规定或者当事人另有约定的除外。①

未盖章但已履行的合同发生法律效力吗？

案例实录

高师傅做了一辈子木器加工，手艺在十里八村是出了名的好。年初，某家具厂打算聘请高师傅做厂里的技术顾问，顾问费每年5万元。双方经商定后草拟了一份书面合同，但由于种种原因合同一直没有正式签订。

但是，在之后的一年中，该家具厂多次遇到技术难题，并4次找到高师傅，高师傅也都一一为他们做了指导，解决了困难。可是，到了年底，高师傅却没有拿到顾问费。该家具厂认为，双方并没有在合同上签字盖章，所以合同并未生效。那么，未盖章但已履行了的合同产生法律效力吗？

律师分析

这个合同是发生法律效力的。根据《民法典》第四百九十条的规定，双方约定采用书面形式订立合同，一方没有签字或者盖章，而另一方已经按照合同履行了主要义务，对方接受的，该合同也是有效的。现实中，确实存在一方当事人因各种原因无法及时加盖公章，而合同又不得不马上履行的情况，一方当事人履行合同后，对方当事人则可能根据市场行情的变化，以合同没有签字或盖章为由提出解约或

① 解答：生效时。

不承认合同成立。在此情况下，法律本着公平公正与鼓励交易的原则，采取了保护已履行主要义务一方合法权益的做法，即认为此种情形下，合同有效。所以，本案中即使双方之间并未在合同上签字盖章，但高师傅已履行了主要义务，该合同有效，家具厂应当付给高师傅顾问费。

法条链接

《中华人民共和国民法典》

第四百九十条　当事人采用合同书形式订立合同的，自当事人均签名、盖章或者按指印时合同成立。在签名、盖章或者按指印之前，当事人一方已经履行主要义务，对方接受时，该合同成立。

法律、行政法规规定或者当事人约定合同应当采用书面形式订立，当事人未采用书面形式但是一方已经履行主要义务，对方接受时，该合同成立。

温馨提示

我国法律列出了未签订书面合同而对方已履行约定，合同成立的情形，规定在合同关系中，如果一方当事人已经实际履行了合同义务，同时对方当事人接受了履行，则说明双方当事人对合同内容达成共识，即使因为其他客观原因导致书面合同未能及时签订，该合同也是成立的。双方可以进行合同倒签，但是倒签合同中双方的权利义务不明确、法律责任界定不清，容易产生法律纠纷，所以现实生活中应尽量避免。

自测小题

选择：府谷公司与湘雅公司合作，约定由湘雅公司为其提供维修服务。2020 年 11 月 29 日，湘雅公司带着工人按府谷公司的要求为该公司的设备进行了检修；但是直到2020年12月11日，双方才签订了正式的维修服务合同。双方的合同关系自何时成立?[①]（ ）

A. 2020年11月29日

B. 2020年12月11日

买卖双方达成的口头协议有效吗?

案例实录

路某家中有一辆电动自行车，自从其腿受伤后一直没有骑。朋友齐某正好想买一辆，周末过来玩时看到电动车，两人便达成口头买卖协议，约定路某以800元的价格将电动自行车卖给齐某，齐某可以随时带钱来取车。次日，齐某便带钱来取车，路某却因别人出价更高，以未与齐某签订买卖合同为由拒绝。请问，路某可以以未签订买卖合同为由拒绝齐某取走车吗?

律师分析

《民法典》对合同订立的形式作出了具体规定，其主要包括书面形式和口头形式两种。实际生活中，因为法律、行政法规对书面形式的合同有具体的规定，所以当事人采用书面形式订立合同较为常见。但是，对于法律、行政法规中未明确规定采用书面形式的，双方可以采用口头约定的形式，只要是双方当事人的真实意思表示，且不违反相关法律规定，法律就应对其效力予以确认。如果一方当事人不履行合同约定的义务，构成违约的，将承担违约责任。

本案中路某不得以未签订买卖合同为由拒绝齐某取走车，因为双

① 解答：A。

方所约定的口头买卖协议是有效的。根据《民法典》的规定，当事人订立合同，可以采用书面形式、口头形式或者其他形式。法律、行政法规规定采取书面形式的，应当采用书面形式。根据本案案情，不存在法律、行政法规规定必须采取书面形式的情形，因此应认定为合同生效，路某应该把车交付给齐某。

法条链接

《中华人民共和国民法典》

第一百三十五条　民事法律行为可以采用书面形式、口头形式或者其他形式；法律、行政法规规定或者当事人约定采用特定形式的，应当采用特定形式。

第四百六十九条　当事人订立合同，可以采用书面形式、口头形式或者其他形式。

书面形式是合同书、信件、电报、电传、传真等可以有形地表现所载内容的形式。

以电子数据交换、电子邮件等方式能够有形地表现所载内容，并可以随时调取查用的数据电文，视为书面形式。

温馨提示

订立合同的形式可以是书面的方式，也可以是口头的方式。口头合同比起书面合同简便易行，只要法律没有规定一定要订立书面合同，而口头合同是双方真实的意思表示，那也同样是有效的。但是这种合同完全基于当事人双方的信赖关系，一旦一方否认合同内容，另一方将很难举证，所以最好还是留下书面的证据，即“口说无凭，立字为证”。需要注意的是，在打官司时一方必须提供证据，证明口头合同的存在及真实性，否则就要承担败诉的后果。

自测小题

选择：库利公司欲从黄芪公司购买一批中药，双方的业务代表在第一次磋商中，就买卖标的物、价格等事项进行了协商，但未达成一致意见，遂约定一周后再谈判。双方的合同是否成立?[①]（ ）

A. 合同已成立，双方应按照第一次磋商确定的事项履行义务

B. 合同未成立，双方不存在任何权利义务关系

C. 合同未成立，双方应按约定继续磋商

受欺诈而签订的合同可以撤销吗?

案例实录

村民范某想要买一辆八成新的农用运输车，正好村民翟某有一辆二手车要出售。翟某急于将自己的二手车出手，便对范某说自己的车才开了两年，完全能满足范某的要求，双方遂签订了二手车买卖合同。范某拿到车后经常去修理厂修车，修理人员告诉范某这辆车至少已经使用五年了，完全不值买车的价款。请问，范某能将该车退还并要回所付钱款吗?

律师分析

此合同属于可撤销合同，范某拥有撤销权，可以找到翟某，要求撤销合同、要回相关款项并要求赔偿损失。根据《民法典》第一百四十八条的规定，可撤销合同是指当事人在订立合同时因意思表示不真实，法律允许其行使撤销权，使已经生效的合同归于无效。本案中，翟某在订立合同时向范某隐瞒了车辆使用年限的事实，令范某以为自

① 解答：B。

己买到了八成新的车，并为此支付了较高的价款，翟某的行为应当被认定为欺诈，其后果是导致了范某违背自己的真实意思买了一辆很旧的二手车。因此，范某可以撤销买卖合同将二手车退还给翟某，翟某应返还范某钱款并赔偿其相关损失。

法条链接

《中华人民共和国民法典》

第一百四十八条　一方以欺诈手段，使对方在违背真实意思的情况下实施的民事法律行为，受欺诈方有权请求人民法院或者仲裁机构予以撤销。

第一百四十九条　第三人实施欺诈行为，使一方在违背真实意思的情况下实施的民事法律行为，对方知道或者应当知道该欺诈行为的，受欺诈方有权请求人民法院或者仲裁机构予以撤销。

第一百五十七条　民事法律行为无效、被撤销或者确定不发生效力后，行为人因该行为取得的财产，应当予以返还；不能返还或者没有必要返还的，应当折价补偿。有过错的一方应当赔偿对方由此所受到的损失；各方都有过错的，应当各自承担相应的责任。法律另有规定的，依照其规定。

温馨提示

当事人在订立合同时因意思表示不真实，法律允许其行使撤销权，使已经生效的合同归于无效。我国民法典规定，在订立合同时如果一方以欺诈、胁迫的手段或者乘人之危，使对方违背真实意思订立合同的，受损害的一方有权请求相关机构撤销合同。该法同时规定，合同无效或者被撤销后，因该合同取得的财产，应当予以返还或进行折价补偿，给对方造成损失的，应当承担相应的责任。

自测小题

选择：丽丽公司与思域公司结怨已久，起因是丽丽公司向思域公司提供了不符合质量标准的产品，给思域公司造成巨大损失。展销会上，两公司再次狭路相逢。恰逢思域公司的竞争者春期公司派人到展销会上寻找优质合作商，正与丽丽公司的人商谈之际，思域公司的代表在一旁帮腔吹嘘丽丽公司的伪劣产品，最终使春期公司陷入错误认识，与丽丽公司签订了大单子。请问，思域公司的行为是否构成欺诈？春期公司是否有权主张撤销合同？① （ ）

A. 思域公司并非合同当事人，其行为不构成欺诈，春期公司无权主张撤销合同

B. 思域公司是合同当事人，其行为构成欺诈，春期公司有权主张撤销合同

C. 思域公司并非合同当事人，其行为构成欺诈，春期公司有权主张撤销合同

重大误解下签订的合同有效吗？

案例实录

某商贸公司采购员汪某，欲为公司采购一批竹签。为此，他专门来到南方竹林密集的地方进行采购。后汪某与当地某公司在合同中约定，该公司供应竹签500捆，每捆50元。汪某回到公司后两天，某公司的竹签就到了，汪某收到货一看就傻眼了。汪某以前见到的竹签一捆是200根，而这家公司发来的却是每捆100根。汪某立即电话告知

① 解答：C。

对方，对方称他们当地的竹签都是一捆100根，从来没有200根一捆的。原来是汪某不了解当地情况，出于重大误解下订立了该合同。汪某代表公司与这家公司协商，希望对方再发500捆每捆100根的竹签，但是对方不同意，汪某只能请求人民法院撤销该合同。那么，采购人员不了解当地情况，签下有误合同有效吗？

律师分析

重大误解是指行为人因对行为的性质、对方当事人、标的物的品种、质量、规格和数量等发生错误认识，使行为的后果与自己的意思相悖，并造成较大损失的行为。汪某因不了解当地的实际情况，对每捆竹签的数量产生了重大误解。我国《民法典》第一百四十七条规定，对因重大误解订立的合同，行为人有权请求人民法院或者仲裁机构予以撤销，即重大误解的合同是可撤销的合同。本案中汪某因重大误解签订的竹签买卖合同，在与对方协商不成的情况下，有权请求人民法院撤销该合同。

法条链接

《中华人民共和国民法典》

第一百四十七条　基于重大误解实施的民事法律行为，行为人有权请求人民法院或者仲裁机构予以撤销。

第一百五十二条　有下列情形之一的，撤销权消灭：

（一）当事人自知道或者应当知道撤销事由之日起一年内、重大误解的当事人自知道或者应当知道撤销事由之日起九十日内没有行使撤销权；

（二）当事人受胁迫，自胁迫行为终止之日起一年内没有行使撤销权；

（三）当事人知道撤销事由后明确表示或者以自己的行为表明放

弃撤销权。

当事人自民事法律行为发生之日起五年内没有行使撤销权的，撤销权消灭。

温馨提示

重大误解直接影响到当事人所应享有的权利和承担的义务。在这种情况下，行为人做出的表示同其原来的真实意思不相符合，是由于行为人自己的大意，缺乏经验或者信息不通畅而造成的。对于这种合同，应由一方当事人请求撤销。

自测小题

选择：当事人因重大误解订立合同，应在何时行使撤销权?[①]（　）

A. 自知道或者应当知道撤销事由之日起一年内

B. 自知道或者应当知道撤销事由之日起三个月内

C. 自知道或者应当知道撤销事由之日起九十日内

合同未成立，还要为对方的商业秘密保密吗?

案例实录

某科技公司找到专业编程员何某，让其给公司某项科技成果进行程序编写，公司将提供必要的商业信息和基础设施支持，但是因该程序涉及公司商业秘密性技术，所以在谈判时明确告知了何某并要求不得将其知晓的公司商业秘密泄露。但双方最终因报酬问题未能合作，那么何某可以将该信息用于其他程序吗？还用为该科技公司保守商业秘密吗？

① 解答：C。

律师分析

商业秘密，是指不为公众所知悉、能为权利人带来经济利益，具有实用性并经权利人采取保密措施的技术信息和经营信息，如管理方法、产销策略、客户名单、货源情报等经营信息；生产配方、工艺流程、技术诀窍、设计图纸等技术信息。商业秘密关乎企业的竞争力，对企业的发展至关重要，有的甚至直接影响到企业的生存。何某为某科技公司的科技成果编写程序，不可避免会涉及该公司的技术诀窍、设计图纸等技术信息，知悉该公司的商业秘密。根据《民法典》第五百零一条规定，当事人在订立合同过程中知悉的商业秘密，无论合同是否成立，不得泄露或不正当地使用。何某与某科技公司就合同报酬没协商好，其合同不能成立，但并不意味他就可以任意泄露或使用他所知悉的对方公司的秘密。如果何某泄露或不正当地使用了该商业秘密，给该科技公司造成损失，应当承担损害赔偿责任。

法条链接

《中华人民共和国民法典》

第五百零一条　当事人在订立合同过程中知悉的商业秘密或者其他应当保密的信息，无论合同是否成立，不得泄露或者不正当地使用；泄露、不正当地使用该商业秘密或者信息，造成对方损失的，应当承担赔偿责任。

温馨提示

我国法律规定了关于商业合同中保守商业秘密的义务。该条规定双方当事人在订立合同的过程中，涉及公司商业秘密的，无论双方是否已签订合同，一方要求另一方保守商业秘密的，另一方都必须严格保守，不得泄露或者不正当地使用。如果一方违反法律规定，泄露或者不正当地使用对方的商业秘密，给对方造成损失的，不仅要承担民事赔偿责任，还有可能承担行政责任甚至刑事责任。

自测小题

选择：技术信息、经营信息等商业信息要构成商业秘密，须符合以下哪些条件？[①]（　）

A. 不为公众所知悉

B. 具有商业价值

C. 权利人采取了相应保密措施

① 解答：ABC。

第二章
合同的履行

没有明确约定履行地点的合同该如何履行?

案例实录

某食品有限公司与某大型超市签订买卖合同，约定该超市向食品公司购进 15000 元果冻、虾条等食品，该公司在一周内备齐所有产品，在门口交货。一周后，该食品公司备好货物，可是负责运输的张经理一看合同就愣住了，“门口交货”是在本公司门口还是超市门口呢？公司有运输队，可那家大型超市也有自己的运输团队。最后，张经理请教了公司的法律顾问，主动将产品运到了该超市门口。请问，合同没有明确约定履行地点时，应该如何处理？

律师分析

本案属于合同履行地点约定不明。履行地点一般在合同中应有明确约定，也可以由交易习惯、合同性质等确定，在法律有特别规定时，依其规定。当事人在合同中明确约定履行地点时，依其约定。该约定既可以在合同订立当时为之，也可以在合同成立后履行债务前进行。某食品有限公司与该超市在合同中只模糊地约定履行地点为“门口”，而对具体应在食品公司门口还是超市门口没有明确约定，给合同履行带来了一定的困难。根据我国《民法典》第五百一十一条第三项的规定，履行地点不明确，除了货币与不动产之外的其他标的，在履行义务一方所在地履行。超市订购的果冻、虾条等产品不属于货币或不动产，可以在债务人即食品有限公司门口履行，但该公司最终将产品运送到超市门口是切实可行的。

法条链接

《中华人民共和国民法典》

第五百一十条　合同生效后，当事人就质量、价款或者报酬、履行地点等内容没有约定或者约定不明确的，可以协议补充；不能达成补充协议的，按照合同相关条款或者交易习惯确定。

第五百一十一条　当事人就有关合同内容约定不明确，依据前条规定仍不能确定的，适用下列规定：

……

（三）履行地点不明确，给付货币的，在接受货币一方所在地履行；交付不动产的，在不动产所在地履行；其他标的，在履行义务一方所在地履行。

……

温馨提示

交易双方如果在合同中没有明确约定合同履行地点，也没有就合同履行地点签订补充协议或说明，就会给合同的履行带来一定的困难。因此，法律根据实际情况明确规定了履行地点不明确时的履行方法，即给付货币的，就在接受货币一方所在地履行；交付不动产的，就在不动产所在地履行；其他标的，则应当在义务履行一方所在地进行。这样的规定不仅符合法律的公平正义原则，也方便当事人的合同履行。

自测小题

选择：蓝宇公司在某材料厂购买了一批货物，双方约定由蓝宇公

司自提。但双方未约定交货地点，蓝宇公司也不知道在哪里取货，请问，该案中的交付地点为?[①]（ ）

A. 蓝宇公司订立合同时的营业地

B. 材料厂订立合同时的营业地

买卖合同生效后还能再对产品质量提出要求吗?

案例实录

某棉纺公司与某贸易公司签订买卖合同，合同约定贸易公司提供棉花200吨，至于棉花的具体等级没有约定，自合同订立之日起三个月内交货。合同生效后，贸易公司积极备货，这时棉花市场的一级棉销售形势较好，贸易公司主要筹备一级棉。棉纺公司却来电提出现在一级棉价格过高，而且公司此次制作的产品对棉花的等级要求不高，他们想补充确定合同中的棉为二级棉。贸易公司经过商讨认为他们还没有筹备到多少一级棉，可以同意棉纺公司的想法，双方就相关事宜达成补充协议，贸易公司再次为棉纺公司筹备二级棉。买方可以在合同生效后，补充要求产品质量吗?

律师分析

合同是民事主体之间，本着利益对等，协商一致签订的，国家保护合同双方的合法权益。合同签订后，合同双方当事人可以就合同内容进行协商、变更甚至撤销，以达到合同自由性。根据我国《民法典》第五百一十条的规定，合同生效后，当事人就质量、价款或者报酬、履行地点等内容没有约定或者约定不明确的，可以协

① 解答：B。

议补充。棉纺公司与贸易公司之间签订的棉花买卖合同，本来就对棉花等级没有约定，棉纺公司在参照了市场具体行情后，再行与贸易公司协议棉花等级，是符合法律规定的，也是正确行使该合同权利的行为。

法条链接

《中华人民共和国民法典》

第五条　民事主体从事民事活动，应当遵循自愿原则，按照自己的意思设立、变更、终止民事法律关系。

第五百一十条　合同生效后，当事人就质量、价款或者报酬、履行地点等内容没有约定或者约定不明确的，可以协议补充；不能达成补充协议的，按照合同相关条款或者交易习惯确定。

温馨提示

“补充协议”是指当事人对于合同中没有约定或者约定不明确的内容达成的协议。“补充协议”是相对于已经存在的合同而言的，已经存在的合同与“补充协议”之间是主从关系。只有主合同生效，因质量、价款等没有约定或者约定不明确造成履行困难的情形下，才能通过协议补充没有约定或者约定不明确的事项，以利于主合同的履行，从而实现当事人订立主合同的目的。

自测小题

选择：合同当事人欲变更合同内容，应如何做？[①]（　）

A. 合同当事人通知对方后，可随意变更合同

B. 合同当事人应当联系对方就变更事项进行磋商，未达成一致

① 解答：B。

的，不得变更

C. 合同成立后，内容即具体确定，任何一方均不得变更合同内容

合同中约定的“质量按一般标准”就是行业标准吗？

案例实录

某电子公司向某家具厂定做一批办公家具，合同双方对产品的款式、数量进行了协商，对产品的质量没有明确约定。合同签订后，家具厂再次与电子公司负责人就产品的质量要求进行电话商议，对方表示他们都是门外汉，只要产品够环保、够结实就行。家具厂经过商议，最后按行业标准给电子公司制作了该批办公家具。订货合同约定了“质量按一般标准”，按行业标准履行可以吗？

律师分析

合同是当事人之间设立、变更、终止民事关系的协议。依法成立的合同，受法律保护。合同双方当事人在合同订立后可以就合同中质量、价款或者报酬、履行地点等内容进行补充约定，以求达到合同的目的。但是实践中合同双方可能会因为专业的不同、了解不足或其他等多种原因，对合同内容约定不明确。根据我国《民法典》第五百一十一条的规定，对质量要求不明确的，按照强制性国家标准履行；没有强制性国家标准的，按照推荐性国家标准履行；没有推荐性国家标准的，按照行业标准履行；没有国家标准、行业标准的，按照通常标准或者符合合同目的的特定标准履行。据此可知，电子公司与家具厂的订货合同在没有约定履行的质量标准也无法达成补充协议的情形下，应按照前述规定的标准履行，也就是说，仅在合同标的物没有强制性国家标准、推荐性国家标准的情况下，才能按行业标准履行。因

此，家具厂不能直接按照行业标准履行，而应与电子公司协商。若双方未达成一致的，要对相应产品是否存在强制性国家标准和推荐性国家标准进行筛查，确定不存在前述标准之后，才能按照行业标准履行。

法条链接

《中华人民共和国民法典》

第五百一十一条　当事人就有关合同内容约定不明确，依据前条规定仍不能确定的，适用下列规定：

（一）质量要求不明确的，按照强制性国家标准履行；没有强制性国家标准的，按照推荐性国家标准履行；没有推荐性国家标准的，按照行业标准履行；没有国家标准、行业标准的，按照通常标准或者符合合同目的的特定标准履行。

……

温馨提示

在合同履行过程中，双方当事人对未约定的合同内容发生争议，我国法律要求双方当事人遵循诚实信用原则，根据合同的性质、目的和交易习惯进行协商，促进合同的履行。在当事人约定不明确的情形下，行业标准和交易习惯发挥着重要的作用。

自测小题

选择：标的物不符合质量要求，权利人可以选择的救济包括?[①]（　）

A. 要求义务人更换、退货

B. 要求义务人按合同约定承担违约责任

C. 径行解除合同

① 解答：AB。

合同双方约定债务由第三人履行，第三人未履行怎么办？

案例实录

某水产公司与个体养殖户杨某签订了一份海虾买卖合同，水产公司当场交付了1万元的定金。离合同履行期只有一个星期时，杨某通知水产公司，他的养殖场因遭受台风海虾死亡过半，损失严重，不能按时交货。杨某提出另一养殖户张某欠他钱，并表示愿意用货抵债，张某养殖的海虾质量也很好，如果水产公司同意，可以由张某代其向水产公司交货。水产公司对张某的养殖场进行了考察，同意杨某的意见，并签订了一份补充协议。但直到约定的履行期结束，张某也没有供货，经过询问，其称因市场需求量大，他养殖的海虾都不能满足以往的顾客，根本不能提供给水产公司。合同双方约定的第三人张某没有履行合同怎么办？

律师分析

商业交易中，常常出现约定由第三人履行合同义务的现象，水产公司与养殖户杨某之间的海虾买卖合同纠纷，属于我国《民法典》规定的由第三人向债权人履行债务的情况。第三人代债务人履行合同义务，会因为第三人对合同不理解，或是第三人自身多种情况的出现而不能履行或不能完全履行合同义务，给债权人、债务人带来经济利益的损失。我国《民法典》第五百二十三条规定："当事人约定由第三人向债权人履行债务，第三人不履行债务或者履行债务不符合约定的，债务人应当向债权人承担违约责任。"张某作为杨某与水产公司之间的第三人，代替杨某履行对水产公司的债务，但最终没有履行，从而给水产公司带来经济损失，水产公司可依法向杨某主张违约责任，请求损失赔偿，而不能向第三人张某主张。因为杨某与水产公司才是该买卖合同的当事人，而约定的履行合同义务的第三人张某并非合同当事人，不负有合同义务。

法条链接

《中华人民共和国民法典》

第五百二十三条　当事人约定由第三人向债权人履行债务，第三人不履行债务或者履行债务不符合约定的，债务人应当向债权人承担违约责任。

温馨提示

合同具有相对性，合同一方当事人只能向另一方当事人提出合同上的请求和诉讼，而不能向与合同无关的第三人提出合同上的请求及诉讼。当然，合同相对性规则并不是绝对地排斥第三人的责任。这要看第三人是否应当和实际承担了合同规定的义务，只要第三人承担了义务，就有可能要承担违反合同义务的责任。

自测小题

选择：某工厂和华生公司签订买卖合同，约定由华生公司为其提供一批原材料。合同成立后，工厂进行生产经营改革，将部分业务转给了安丽公司。于是，工厂与华生公司约定，由华生公司向安丽公司履行交货义务。合同履行期限届满，华生公司未按约定履行义务，应当向谁承担违约责任?①（　）

A. 某工厂

B. 安丽公司

C. 某工厂与安丽公司

---

① 解答：A。

合同生效后，对方财务出现重大问题怎么办？

案例实录

某面粉厂与某公司经协商订立了一份买卖合同。按合同约定，面粉厂应在合同生效后的2个月内向某公司交付300吨面粉，某公司在收齐货后3日内一次性付清货款。但合同订立后没几天，面粉厂经调查发现该公司的经营状况已经严重恶化，而且拖欠好几个单位的钱未还，还被法院冻结了账户和查封了财产。面粉厂现在很矛盾，如果按期送货，担心对方付不起货款；如不履行供货义务，又担心对方告自己违约。面对此种局面，面粉厂不知如何是好。请问，面粉厂是否有权中止履行合同或者解除合同？

律师分析

面粉厂与某公司签订面粉买卖合同后，了解到某公司出现重大财务问题，负债累累，又确无履约能力，只要面粉厂能举出确切证据证明这一点，就可以行使不安抗辩权中止合同履行。不安抗辩权，是指双务合同中先给付义务人在有证据证明后给付义务人的履行能力明显降低，有不能为对方给付的现实危险时，比如后给付义务人的经营状况严重恶化，转移财产、抽逃资金以逃避债务，谎称有履行能力的欺诈行为以及其他丧失或者可能丧失履行债务能力的情形，有权中止自己的履行。所以，面粉厂在决定中止履行合同时，应当及时通知某公司。如果对方提供了适当担保，面粉厂应当恢复履行，否则，某公司便可以反过来告面粉厂违约。如果某公司在接到面粉厂的通知后在合理期限内未恢复履行能力也未提供适当担保，面粉厂就可以解除合同，且不构成违约。

法条链接

《中华人民共和国民法典》

第五百二十七条　应当先履行债务的当事人，有确切证据证明对方有下列情形之一的，可以中止履行：

（一）经营状况严重恶化；

（二）转移财产、抽逃资金，以逃避债务；

（三）丧失商业信誉；

（四）有丧失或者可能丧失履行债务能力的其他情形。

当事人没有确切证据中止履行的，应当承担违约责任。

温馨提示

中止履行既是行使权利的行为，又是合法的行为，当先履行方于履行期满不履行债务或迟延履行，并不构成违约。中止履行乃暂停履行或延期履行之含义，因此它不同于解除合同，其目的不在于使既有合同关系消灭，而是维持合同关系。先履行方中止履行，应当通知后履行方，通知方式以口头或书面形式均可。

自测小题

判断：汽修厂因某二手车公司陷入商业危机，可以提出中止履行维修义务。[1]（　）

对方没有先履行合同，另一方可以不付款吗？

案例实录

某食品公司与某装修公司签订装修合同，合同约定装修公司承包

---

[1] 解答：正确。

该食品公司新办公楼内部装修。合同约定施工期限两个月，总价款为25万元。该食品公司支付5万元定金，余款待验收合格后结清。合同签订后，食品公司依约支付了5万元定金，但是装修公司一直没有动工，经食品公司多次催促，装修公司才开始施工。眼看两个月工期已经过半，装修工程还只是刚开始，这时装修公司负责人却说，食品公司没有支付他们工程款，他们将再次停工。装修公司没有按约定先履行合同，食品公司是否可以不付款？

律师分析

食品公司与装修公司之间签订装修的合同，约定装修公司为食品公司装修办公楼，工程款在装修工程验收合格后结清，双方互有权利义务，是一份双务合同。这属于我国《民法典》规定的“当事人互负债务，有先后履行顺序”的情况。债务履行有先后，后履行一方有先履行抗辩权。先履行抗辩权，是指依照合同约定或法律规定负有先履行义务的一方当事人，届期未履行义务或履行义务严重不符合约定条件时，相对方为保护自己的期限利益或为保证自己履行合同的条件而中止履行合同的权利。先履行抗辩权是合同约定、法律规定或者按照习惯可以认定的后履约一方享有的权利。本案中装修公司没有按合同履行装修义务，中间又擅自停工，违反了合同约定，食品公司可以就装修公司此行为主张先履行抗辩权，拒绝支付工程款。所以装修公司以食品公司未预先付款而停工的理由是不成立的。

法条链接

《中华人民共和国民法典》

第五百二十六条　当事人互负债务，有先后履行顺序，应当先履行债务一方未履行的，后履行一方有权拒绝其履行请求。先履行一方履行债务不符合约定的，后履行一方有权拒绝其相应的履行请求。

温馨提示

先履行抗辩权首先是一种抗辩权，其作用在于通过行使这种权利而使对方的请求权消灭或使其效力延期发生。也就是说，后履约人享有以先履约人未履约或履约不当为由，对抗或否认先履约人请求其履约的权利。法律之所以赋予当事人以先履行抗辩权，是因为法律所倡导的诚实信用与公平原则。

自测小题

选择：出现下列哪种情形，当事人可以行使先履行抗辩权？[①]（ ）

A. 应当先履行债务的一方当事人陷入破产危机

B. 应当先履行债务的一方当事人丧失商业信誉

C. 应当先履行债务的一方当事人的控股股东协同董事会、高管抽逃资金，逃避债务

提前交货造成了损失只能自认倒霉吗?

案例实录

某超市与某饮料厂签订一份饮料购销合同，合同中约定，超市向某饮料厂订购2000箱饮料，每箱25元，货款总额5万元。合同中写明饮料厂从5月开始至9月结束，每个月月初供应400箱饮料，运费由对方负担。超市先付定金5000元，其余货款于交货时按比例结清。5月中旬，饮料厂来电称他们厂生产的饮料过多，希望可以提前将超市订购的饮料送到超市。超市也提出，他们的仓库库存量有限，1600箱饮料会占用他们太多的库存，拒绝饮料厂提前履行合

① 解答：ABC。

同。饮料厂第三天自行将1600箱饮料运至超市，在超市的解释下，饮料厂将饮料运走，在回去的路上拉饮料的车与一面包车相撞，直接损失500箱饮料。饮料厂是提前交货不成，还赔了钱。提前交货可以吗？

律师分析

合同自签订时起生效，自生效后，合同当事人双方都应当按照合同约定，全面、适当履行合同。有约定期限的合同，应当在合同约定的期限内履行。我国法律对提前履行义务一般是不赞同的，因为提前履行不利于保护债权人的利益。我国《民法典》第五百三十条规定，债权人可以拒绝债务人提前履行债务，但提前履行不损害债权人利益的除外。由此可知，如果合同一方提前履行债务有损债权人的利益的，债权人有权予以拒绝。超市与饮料厂签订的饮料购销合同是双方在平等自愿、协商一致的基础上签订的，为有效合同。合同对履行期限进行了详细约定，但是饮料厂想提前履行合同，在被超市明确拒绝后，直接将饮料送到超市，最后不得已只能自行拉回。至于在回去途中因车祸产生的损失与超市没有关系，饮料厂应当自行承担。

法条链接

《中华人民共和国民法典》

第五百三十条　债权人可以拒绝债务人提前履行债务，但是提前履行不损害债权人利益的除外。

债务人提前履行债务给债权人增加的费用，由债务人负担。

第六百零四条　标的物毁损、灭失的风险，在标的物交付之前由出卖人承担，交付之后由买受人承担，但是法律另有规定或者当事人另有约定的除外。

温馨提示

受领不仅是债权人的权利，也是债权人的义务，债权人为受领债务人的履行同样需要付出一定的代价，如为所受领货物找到存放的空间等。所以，债务人提前履行自己的义务，同样可能使债权人不得不为提前接受履行而付出更多的不必要的代价。

自测小题

选择：万华公司与美铃公司签订购销合同，约定由万华公司为美铃公司提供2吨木材。按照合同约定，万华公司应在10月4日一次性将货物运至美铃公司指定仓库，由美铃公司自行收取。10月4日，万华公司将全部货物运送至美铃公司指定地点，但美铃公司一直未收取货物。10月11日，仓库发生火灾，导致货物全部灭失。以下说法正确的有?[①]（　）

A. 万华公司的交货义务在10月4日便履行完毕

B. 未交付前，若万华公司和美铃公司协商一致，可以就履行期限和履行方式进行变更

C. 火灾导致的货损由美铃公司自行承担

合同约定“按执行情况给付报酬”，可以按当地市场价给付报酬吗？

案例实录

某加工厂需要招用大批临时工。因为加工业务多，加工厂没有时间自行招收工人，遂与某人才中介公司签订中介合同，由中介公司为

① 解答：ABC。

加工厂招收工人，加工厂给付中介公司报酬。加工厂认为如果中介公司介绍了不合格人员，就不用给中介公司支付中介费，但由于这个尺度不容易把握，所以双方约定中介报酬为“按执行情况给付报酬”。半个月以后，中介公司为加工厂招收了20名工人，且全部符合要求，正常上岗。中介公司要求加工厂支付劳动报酬，因为双方的约定中对报酬事项约定不明确，最后加工厂按照当时的市场价格支付了中介公司报酬。中介合同约定了“按执行情况给付报酬”，那么按当地市场价给付报酬可以吗？

律师分析

在市场经济中，由于交易双方在交易前互不了解，因此可以寻求一位具有中间立场并且具有一定素质的人或者公司，来对交易进行经济或者信誉上的介绍，以帮助合同达成。中介公司的服务都是收费的。一般中介公司会在中介合同中明确约定中介费用，但是有的中介合同在签订时因为当事人之间的收益不能确定，因此在合同中对报酬约定也不明确。对此，我国《民法典》第五百一十一条作出规定：“……价款或者报酬不明确的，按照订立合同时履行地的市场价格履行；依法应当执行政府定价或者政府指导价的，依照规定履行……”加工厂与人才中介公司对中介费用约定不明，后来又没有达成一致意见，加工厂按照当时市场价格支付中介公司费用是符合法律规定的。

法条链接

《中华人民共和国民法典》

第五百一十一条　当事人就有关合同内容约定不明确，依据前条规定仍不能确定的，适用下列规定：

……

（二）价款或者报酬不明确的，按照订立合同时履行地的市场价格履行；依法应当执行政府定价或者政府指导价的，依照规定履行。

……

温馨提示

合同双方当事人应当互相配合以保证合同的顺利履行，一旦没有对合同履行方式进行明确约定，履行义务人应当根据合同的有关条款和交易习惯确定具体履行方式；如果仍然无法确定的，按照有利于实现合同目的的方式履行，以更好地保障双方利益，促进交易的正常进行。

自测小题

选择：大力公司和泰国某公司签订了买卖合同。按照合同约定，泰国某公司应按期向大力公司供应香蕉，合同履行地点为我国。泰国某公司依约履行完交货义务之后，双方因货币支付产生争议，未能协商一致。请问，大力公司应支付何种货币给泰国某公司?①（ ）

A. 人民币

B. 泰铢

C. 人民币或泰铢均可

合同中约定“近期提货”，提货人可以随时提货吗?

案例实录

某家具厂与某木材加工厂订立了标的为 2 万立方米木材的买卖合同，因木材加工厂为大型加工厂，长年生产货源充足，所以对提货时间约定得较为宽松，合同中约定“提货人近期提货”。合同签订后第

① 解答：A。

10天，家具厂派人到木材加工厂提取2万立方米木材，木材加工厂称现在木材不足2万立方米，请过一个星期再来提取。家具厂认为合同中约定“提货人近期提货”，那么他们就有权随时来提取木材，木材加工厂也必须立即交出木材。家具厂可以据合同随时要求提货吗？

律师分析

市场经济下各公司企业为追求效率，往往迅速签订合同，迅速履行，以使产品尽快投入市场，实现营利的目的。但在订立合同时应注意，双方订立的合同条款应当具体、完备，尽量不要有约定不明的情况出现。该家具厂与木材加工厂对交付木材的合同履行时间约定不明，仅以“提货人近期提货”加以约定。但是家具厂依据合同，声称有权随时提货，加工厂也必须立即交货，是不符合法律规定的。我国《民法典》第五百一十一条对合同履行期限没有明确约定，合同生效后又没有其他约定的情形进行了规定，履行期限不明确的，债务人可以随时履行，债权人也可以随时要求履行，但应当给对方必要的准备时间。家具厂可以在合同生效后随时要求木材加工厂履行，但是应该给木材加工厂一定的准备时间，不能要求其立即提供买卖合同中的标的物——木材。

法条链接

《中华人民共和国民法典》

第五百一十一条　当事人就有关合同内容约定不明确，依据前条规定仍不能确定的，适用下列规定：

……

（四）履行期限不明确的，债务人可以随时履行，债权人也可以随时请求履行，但是应当给对方必要的准备时间。

……

温馨提示

合同的双方当事人应正确、适当、全面地完成合同中规定的各项义务。合同双方当事人应本着有利于合同实现的目的去履行各自的义务，而不能只考虑自己的利益。

自测小题

选择：周某在网上购买了一台按摩椅，通过快递物流的方式交付，该合同的交付时间为？[①]（　）

A. 商家发出快递物流的时间

B. 周某签收货物的时间

C. 买卖成立的时间

合同中未约定运输费用由谁承担的，是由发货方承担吗？

案例实录

某石材厂因所产石材美观大方、经济耐用，在全国各地都有客户。石材厂长年与某物流公司合作，由物流公司代其将货物运送到合同对方。石材厂与某建筑公司签订合同，石材厂提供5000立方米优质石材，建筑公司支付对价。合同中对运输方式和运输费用只简单约定为“运输费用再做商议”。石材厂又委托该物流公司代其运货，并要求其将货送到后向建筑公司收取运费。建筑公司称合同中对运输事项没有约定，那就说明应当由石材厂负责运输，其运输费用也应当由石材厂承担。合同中约定了“运输费用再做商议”，应由谁来承担运输费用？

---

① 解答：B。

律师分析

任何合同只有合理履行才能达到合同目的，合同的履行都会产生一定的费用。一般合同双方当事人在签订合同时都会对合同履行费用进行约定，但实践中有时也会由于合同条款众多而遗漏，合同签订得匆忙没有协商等种种原因没有约定或约定不明确。这样在真正履行合同时，双方因履行费用负担不清，容易发生纠纷，导致合同不能合理履行。根据我国《民法典》第五百一十一条的规定，履行费用的负担不明确的，由履行义务一方负担。就是说，在履行费用约定不明确的前提下，由履行义务、交付货物的一方负担。但是，因债权人原因增加的费用，由债权人自行负担。该合同中因石材厂是履行义务的一方，他们在合同中只简单约定“运输费用再做商议”，而且事后合同双方并没有达成一致意见，那么依照法律规定，运输费用就应当由石材厂负担，而不能让物流公司找建筑公司收取。

法条链接

《中华人民共和国民法典》

第五百一十一条　当事人就有关合同内容约定不明确，依据前条规定仍不能确定的，适用下列规定：

……

（六）履行费用的负担不明确的，由履行义务一方负担；因债权人原因增加的履行费用，由债权人负担。

温馨提示

任何合同都要合理履行才能实现签订合同的目的。当然，合同双方在签订的过程中难免会有疏漏，并由此产生纠纷。合同双方应本着公平、合理的原则去促成合同的实现，这样双方才是最大的受益者。

自测小题

选择：小刘经营一家外贸公司，最近在某网购平台开通了网上店铺。一日，顾客主张无理由退货，小刘同意，但双方因退货运费的承担问题产生争议。请问，消费者七天无理由退货时，若当事人之间无特别约定，退回商品的运费由谁承担?①（　）

A. 商家承担

B. 消费者承担

C. 网购平台承担

D. 商家和消费者分摊

放弃到期账款损害债权人利益的，债权人可以请求法院撤销其行为吗?

案例实录

高某开办某一人公司，主要业务是承包修建工程，公司成立之初因为高某大胆、实干，经济收益很好。随着商品房市场的不景气，高某公司的效益也日益低下。钢材价格刚下跌时高某与某钢材厂签订合同，以20万元买下一批钢材，准备在钢材涨价时出手赚一笔，为此预付10万元。合同生效后，钢材价格一直没有涨，高某的钢材没法出手，反而占用仓库，高某的钱收不回来，所欠10万元的钢材款也就没有办法支付。这时，高某以前的一个工程到了结款期，对方应该支付他2万元工程款。高某想这钱收回来也得拿去还账，还不如不要，给发包方留一个好印象，以后有工程也好再合作。于是他向发包

① 解答：B。

方表示对方欠的工程款不要了，发包方默示接受。钢材厂得知后，申请人民法院撤销高某的这一行为，以保合同款能顺利收回。钢材厂可以向法院提出这样的申请吗？

律师分析

钢材厂的行为属于行使债的保全中的债权人撤销权。所谓债权人撤销权是指因债务人放弃其到期债权或者无偿转让财产，对债权人造成损害的，债权人可以请求人民法院撤销债务人行为的权利。撤销权的行使必须符合客观要件和主观要件。客观要件是指债务人实施了一定的处分行为，并且该行为有损于债权人的债权。实践中这些处分行为具体包括：第一，放弃到期债权；第二，无偿转让财产；第三，以明显不合理的低价转让财产。主观要件则是指在有偿转让中，债权人必须证明第三人知道债务人以不合理的低价转让财产来损害债权人的债权。我国《民法典》第五百三十八条规定："债务人以放弃其债权、放弃债权担保、无偿转让财产等方式无偿处分财产权益，或者恶意延长其到期债权的履行期限，影响债权人的债权实现的，债权人可以请求人民法院撤销债务人的行为。"高某在欠钢材厂 10 万元到期合同款的前提下，放弃发包单位支付的 2 万元工程款，损害了钢材厂的债权，而且对于高某放弃债权的行为，发包方知道其用意，属于第三人知情的情形。钢材厂可以依法请求人民法院撤销高某的这一行为。撤销权的行使受一定的时间限制，根据《民法典》的规定，撤销权自债权人知道或者应当知道撤销事由之日起一年内行使。自债务人的行为发生之日起五年内没有行使撤销权的，该撤销权消灭。

法条链接

《中华人民共和国民法典》

第五百三十八条　债务人以放弃其债权、放弃债权担保、无偿转让财产等方式无偿处分财产权益，或者恶意延长其到期债权的履行期限，影响债权人的债权实现的，债权人可以请求人民法院撤销债务人的行为。

第五百三十九条　债务人以明显不合理的低价转让财产、以明显不合理的高价受让他人财产或者为他人的债务提供担保，影响债权人的债权实现，债务人的相对人知道或者应当知道该情形的，债权人可以请求人民法院撤销债务人的行为。

第五百四十一条　撤销权自债权人知道或者应当知道撤销事由之日起一年内行使。自债务人的行为发生之日起五年内没有行使撤销权的，该撤销权消灭。

温馨提示

只有当债务人的行为侵害了债权人的利益，严重影响债权的实现时，债权人才有行使撤销权的必要。对于债权人来说，债务人与第三人实施危害行为时主观上具有恶意，其明知自己的行为会危害债权人的债权。当债务人不正当处分财产的行为危害到债权人的利益时，债权人即可行使撤销权。

自测小题

选择：辉星公司对科华公司享有一笔200万元的到期债权，多次催告后均未实现。不久前，辉星公司得知科华公司放弃了对望风公司债权，该笔债权大约价值480万元。若辉星公司欲行使撤销权，其权利行使范围为①(　　)。

A. 200万元　　　　B. 480万元

① 解答：A。

悬赏广告约定报酬，当事人突然反悔，归还者还能拿到报酬吗？

案例实录

刘某是一公司业务员。一次，刘某去外地出差催收货款，在返回途中，不慎将装有50万元银行汇票及其他票据的皮包丢失在公交车上，刘某遂在报纸和电视上发布“寻物启事”，称若有人送还上述物品，将以5000元作为酬谢。张某拾得了刘某的物品，在看到“寻物启事”后送还给了刘某，刘某却反悔了，未支付张某“寻物启事”上所称的5000元酬谢。张某遂向法院起诉，要求刘某支付酬金5000元。

律师分析

“悬赏广告”是指广告人以广告的方式，对完成广告指定行为的人给付一定报酬的行为。只要行为人依法完成了广告所指定的行为，广告人即负有给付行为人广告中约定的报酬的义务。刘某在报纸和电视上发布的“寻物启事”即“悬赏广告”，是刘某向不特定人发出的要约，张某按广告要求完成了广告指定的送还拾得物的行为，就是对广告人刘某的有效承诺。根据《民法典》第四百八十三条“承诺生效时合同成立”的规定，此时，张某与刘某之间的合同成立，从而形成具备法律约束力的债权债务关系。基于此，刘某不能事后反悔拒绝给付张某酬金，而应根据诚实信用原则履行自己的义务，按约定向张某支付悬赏广告中许诺的酬金5000元。

法条链接

《中华人民共和国民法典》

第四百八十三条　承诺生效时合同成立，但是法律另有规定或者当事人另有约定的除外。

第四百九十九条　悬赏人以公开方式声明对完成特定行为的人支付报酬的，完成该行为的人可以请求其支付。

温馨提示

悬赏广告是一种附条件的法律行为，一旦当事人完成了悬赏广告要求的行为，悬赏人就应当向其支付报酬。悬赏广告事实上属于合同，只是该合同的相对方在特定行为完成之前一直处于不特定的状态，一旦有人完成合同约定的内容，订立合同的当事人，即悬赏人就应当依照合同约定履行合同。如果悬赏人拒不履行合同内容，当事人可以向法院提起诉讼。

自测小题

选择：一日，陈某拾得F公司的重要货物，之后随手将其放在自己仓库中，打算找机会卖出去。几天后，F公司和警方找到他，要求陈某交还货物，陈某拒绝。交谈中陈某得知该公司曾高价悬赏寻找该批货物，才同意交还，并要求F公司支付保管费用。请问，此种情形下，陈某是否有权要求F公司履行悬赏义务并支付保管费?[①]（　）

A. 陈某拾得F公司的货物并妥善保管，有权要求F公司履行义务并支付保管费

B. 陈某侵占F公司的货物，无权要求F公司履行义务并支付保管费

C. 陈某保管F公司的货物构成无因管理，有权要求F公司支付保管费

① 解答：B。

第三章

合同的变更、转让与终止

当事人对合同内容未做明确变更，约定按原合同履行可以吗？

案例实录

某商贸公司向某风扇企业订购风扇1000台，双方约定交付日期为6月20日。由于当年高温来袭较早，商贸公司要求风扇企业提前交付风扇，要求其于5月30日交货。由于生产能力有限，且货源紧张，经过协商，风扇企业答应尽早交货。双方并未就具体的交货日期做出明确的变更约定。结果，风扇企业于5月30日未能交货。商贸公司要求追究风扇企业违约责任，风扇企业辩称，双方对于5月30日交货约定不清，合同未变更，其应于6月20日交货。问：风扇企业应按哪种约定履行合同？

律师分析

对所变更的内容要规定得全面、详细，并且双方要协商一致，以免合同履行时，带来不必要的麻烦，更不利于维护双方的权益。变更的内容不能违背法律的有关规定。合同的变更是合同部分权利义务的变化，未变更的部分继续有效。因为变更只对将来发生效力，已经履行的部分继续保持效力，所以，合同变更后一般不发生财产返还问题。现实生活中，合同当事人可能因为对专业知识的缺乏，或出于其他利益的考虑，对合同变更的内容约定得不是很明确，对于这种情况我国《民法典》第五百四十四条规定，推定为合同内容未变更。由于双方当事人对具体的交货期没有明确做出变更的约定，所以，在这种情况下推定为合同未变更。风扇企业未在5月30日交货，其行为不构成违约。

法条链接

《中华人民共和国民法典》

第五百四十四条　当事人对合同变更的内容约定不明确的，推定为未变更。

温馨提示

为了减少在合同变更时可能发生的纠纷，《民法典》明确规定，当事人对于合同变更的内容约定不明确的，推定为未变更。当事人只需按照原有合同的规定履行即可，任何一方不得要求对方履行变更中约定不明确的内容。

自测小题

判断：债权人和债务人未经保证人书面同意，协商变更主债权债务合同内容，保证人无须对变更后的债务承担保证责任。该说法是否正确？[①]（　）

专业的定作合同可以转让吗？

案例实录

吴某是制衣老工人，很多人都慕名来找吴某定做衣服。韩某找到

① 解答：错误。

吴某为自己定作6套结婚用的礼服，共价值一万多元。为慎重起见，韩某与吴某签订定作合同。合同签订后，吴某因病不能工作，该地除了吴某以外还有好几个师傅都可以制作韩某要的礼服。吴某于是告知韩某自己不能正常完成定做任务，希望可以转由他人制作，韩某考虑再三，同意由其他人制作衣服。指定的专业定作合同在一般情况下可以转让给他人来做吗？

律师分析

债务转移也称债务让与，是指债务人将其负有债务的全部或部分转移给第三人的现象。债务转移的要件有：（一）须有有效的债务，自然债务不能转移；（二）转让的债务须具有可转让性，根据性质不得转移、当事人约定不得转移以及法律规定不得转移的债务，不得转移；（三）须有债务转移的内容；（四）须经债权人同意，如债权人不同意，则债务人的债务转移行为无效。韩某因吴某制作衣服的手艺精良，专门与其定做结婚礼服，并约定只能由吴某制作，属于“按照当事人约定不得转让”的情况。但因吴某生病不能正常工作，双方协商转让合同，是符合法律规定的，也能使韩某在约定时间内拿到礼服，不耽误其大事。

法条链接

《中华人民共和国民法典》

第五百四十五条　债权人可以将债权的全部或者部分转让给第三人，但是有下列情形之一的除外：

（一）根据债权性质不得转让；

（二）按照当事人约定不得转让；

（三）依照法律规定不得转让。

当事人约定非金钱债权不得转让的，不得对抗善意第三人。当事人约定金钱债权不得转让的，不得对抗第三人。

第五百五十一条　债务人将债务的全部或者部分转移给第三人的，应当经债权人同意。

债务人或者第三人可以催告债权人在合理期限内予以同意，债权人未作表示的，视为不同意。

温馨提示

我国《民法典》对合同的转让做出了规定。规定表明债权在法律许可的范围内可以转让，转让后须通知债务人；而债务的转让须征得债权人的同意才能生效。这是为了保护在合同中处于风险地位的债权人。

自测小题

选择：玉桂公司欲将自己对凯琳公司的债权转让给华宇公司，玉桂公司与华宇公司订立了债权转让合同，关于该合同的效力，下列说法正确的是?[①]（　）

A. 该合同自成立之日起生效

B. 该合同自通知凯琳公司后生效

C. 该合同未征得凯琳公司同意，自始无效

D. 未通知凯琳公司前，该合同对凯琳公司不发生效力

债权人转让债权不经债务人同意可以吗?

案例实录

某铝厂与某建筑器材公司签订货物买卖合同，约定建筑器材公司

① 解答：AD。

向铝厂提供价值20万元的不锈钢器材。铝厂因为与不锈钢厂有经济纠纷，铝厂决定将该合同转由不锈钢厂接收货物，行使合同权利。建筑器材公司得到通知后表示，该不锈钢厂欠其20万元的货款还没有付，早就过了合同履行期，这次正好抵销，建筑器材公司遂决定不再向不锈钢厂交付价值20万元的不锈钢器材。建筑器材公司可以行使抵销权吗?

律师分析

债权人转让债权不需要经债务人同意，债务人接到债权转让通知时，转让行为就生效。如果债务人对债权人也享有债权，同时该债权已届清偿期，那么，在这种情况下，债务人可以依照法律的规定向受让人行使抵销权。

抵销是合同终止的情形之一，根据《民法典》第五百四十九条的规定，债务人接到债权转让通知时，债务人对让与人享有债权，且债务人的债权先于转让的债权到期或者同时到期的，债务人可以向受让人主张抵销。

根据该条规定，债务人接到债权转让通知时，债务人对让与人享有债权的，在两种情况下可以行使抵销权：一是债务人的债权先于转让的债权到期。二是债务人的债权和转让的债权同时到期。债务人行使抵销权时，应当以通知的方式告知受让人，通知到达时抵销生效。在本案中作为受让人的不锈钢厂欠建筑器材公司的20万元的货款早已经到期，在此情况下，建筑器材公司可以通过主张抵销权而不向不锈钢厂履行合同。

法条链接

《中华人民共和国民法典》

第五百四十九条　有下列情形之一的，债务人可以向受让人主张抵销：

（一）债务人接到债权转让通知时，债务人对让与人享有债权，且债务人的债权先于转让的债权到期或者同时到期；

（二）债务人的债权与转让的债权是基于同一合同产生。

温馨提示

抵销是债权让与中保护债务人利益的一项重要制度。债务人在原债权人转让其权利后，可以向受让人即新的债权人主张抵销。通过抵销，节省给付的交换，降低交易成本，同时确保债务人的债权。

自测小题

判断：债务让与时，原债务人对债权人享有债权的，新债务人也可以向债权人主张抵销。该说法是否正确？[①]（ ）

收货权转移后，免费承运的约定还要继续履行吗？

案例实录

某果品公司与某超市签订长期供货合同，后超市经营不善，经过与果品公司的协商，将其收货权转移给同市另一家蔬果公司。超市与果品公司之间交易时约定由果品公司免费承运，合同收货权转让时果品公司没有提出异议。那么，果品公司还应当履行免费承运的约定吗？

律师分析

在本案中，超市将收货权转让给蔬果公司，该收货权既包括收取果品的权利，还包括支付货款的义务，属于合同权利义务的概括转

① 解答：错误。

移。根据我国《民法典》的规定，当事人一方经对方同意，可以将自己在合同中的权利和义务一并转让给第三人。超市的转让行为经过与果品公司的协商，取得了果品公司的同意。而对于运输费用的问题，超市在与果品公司签订的合同中约定由果品公司承担，而在合同转让时，果品公司并没有就运输费用提出异议，因此，果品公司还应当免费给蔬果公司运输果品。

法条链接

《中华人民共和国民法典》

第五百五十五条　当事人一方经对方同意，可以将自己在合同中的权利和义务一并转让给第三人。

温馨提示

转让方转让权利义务，与受让方之间应有明确的约定。法律上，双方当事人之间的约定是不能约束第三人的，除非第三人明确同意。因此，第三人（或受让方）应加入合同当事人的约定中来，或转让方与受让方应有单独的协议，再去征求转让方原合同相对人的同意，只有这样，才能避免转让行为产生纠纷。

自测小题

选择：大海公司将自己对汇缘公司享有的债权转让给了米利安公司，因债权转让增加的费用，应当由谁负担？①（　）

A. 大海公司　　　　B. 汇源公司

C. 米利安公司

① 解答：C。

企业合并后，之前签订的合同该如何履行?

案例实录

赵某是私营企业主，和河北省六一皮具厂签订合同，要求河北省六一皮具厂为其生产箱包1000件，总价款100万元。双方约定合同订立后付款50万元，交付后付余款。后赵某在要求该皮具厂交货时发现，河北省六一皮具厂和当地的大顺皮具厂合并，新成立了顺时皮具厂。赵某遂向顺时皮具厂提出交货的要求。问：河北省六一皮具厂合并后，其签订的合同该如何履行?

律师分析

法人合并一般有两种方式，一种是新设合并，即两个以上的法人合并成为一个新的法人，并由新的法人承担被合并法人权利和义务；另一种是吸收合并，即一个法人或多个法人归并到一个现存法人中去，被合并法人的权利和义务由存续法人承担。本案中两皮具厂的合并，属于新设合并。我国《民法典》第六十七条规定，当事人订立合同后合并的，由合并后的法人行使合同权利，履行合同义务。河北省六一皮具厂和赵某签订的合同，该合同合法有效，依法应当由法人合并后新设立的顺时皮具厂履行合同义务，同理，合同所产生的利润也应当由顺时皮具厂享有。

法条链接

《中华人民共和国民法典》

第六十七条　法人合并的，其权利和义务由合并后的法人享有和承担。

法人分立的，其权利和义务由分立后的法人享有连带债权，承担连带债务，但是债权人和债务人另有约定的除外。

温馨提示

法人合并或分立后，原法人的债权债务转移，属于法定转移，因而无须取得相对人的同意，依合并或分立的通知或者公告发生效力。然而，在我国市场经济秩序还不够规范的情况下，一些法人假借分立或者合并转移债务，企图逃避应当承担的法律责任。为了避免这种情况，《民法典》规定，当事人订立合同后合并的，由合并后的法人行使合同权利，履行合同义务。

自测小题

选择：H&F 公司依法分立成 H 公司和 F 公司，该公司的债权人 G 公司得到通知后，欲通过诉讼方式实现自己的债权。已知各当事人均未就债务清偿问题做特别约定，请问，G 公司可以列谁为被告?①（　）

A. H&F 公司　　　　B. H 公司

C. F 公司　　　　D H 公司和 F 公司

企业分立后，分立前欠的债务应该由谁来承担?

案例实录

某纺织公司经济效益一直不佳。公司经过股东会商议后，决定分立为纺织品生产公司和纺织品销售公司两家公司，将产和销分开。分立前，纺织公司还欠一家公司 5 万元的债务。对于这 5 万元的债务，应该由谁来承担呢?

① 解答：BCD。

律师分析

法人分立有两种方式，一种是新设分立，即原法人分立为两个或者两个以上新的法人，原法人不复存在；另一种是派生分立，即原法人仍然存在，但从原法人中分立出去一个新的法人。纺织公司将公司分立为纺织品生产公司和纺织品销售公司两家公司，是新设分立。为防止法人借分立转移债务、逃避责任，我国《民法典》规定，当事人订立合同后分立的，除债权人和债务人另有约定外，分立后的法人对合同的权利和义务享有连带债权，承担连带债务。法人分立后，原有的一切债权债务依法由分立后的法人承担，而且原有的财产所有权、经营权、知识产权等也都转移给分立后的法人。纺织公司在分立前所欠的5万元债务，除非纺织公司与所欠债务的公司就债务的偿还另有约定，否则，应该由分立之后的纺织品生产公司与纺织品销售公司承担连带责任。

法条链接

《中华人民共和国民法典》

第六十七条　法人合并的，其权利和义务由合并后的法人享有和承担。

法人分立的，其权利和义务由分立后的法人享有连带债权，承担连带债务，但是债权人和债务人另有约定的除外。

温馨提示

法人分立前的债务由分立后的法人承担连带债务，但在特定情况下法人和债权人可以对公司分立后公司债务的承担进行约定，从而排除连带责任的适用。法律这样规定是为了充分保障债权人的利益，防止原法人通过法人分立的方式逃避债务。

自测小题

选择：今年 8 月，海星公司分立成 H 公司和 X 公司，海星公司的债权人要主张债权，可以列谁为被告?[①] （ ）

A. 海星公司　　B. H 公司

C. X 公司　　D. 列 H 公司和 X 公司为共同被告

一方延迟履行合同，另一方可以单方解除合同吗?

案例实录

孙某和刘某签订了一份买卖合同，约定孙某在 2 月 1 日交付给刘某 100 副春联，刘某在孙某交付春联的同时支付 500 元。后孙某迟迟未交货，于 2 月 20 日才找到刘某请求交付 100 副春联，而此时已经到了正月，刘某称春联已不可能卖出，要求解除合同，并且拒绝接受春联。孙某于是将刘某告上了人民法院，请求刘某继续履行合同。

律师分析

孙某的请求不可能得到法院支持，本案涉及的是合同的法定解除问题。合同的法定解除，是指合同生效后，没有履行或没有完全履行前，当事人在法律规定的解除条件出现时，行使解除权从而使合同关系消灭。根据《民法典》第五百六十三条规定的法定解除条件，其中第一款第四项规定，当事人一方迟延履行债务或者有其他违约行为致使不能实现合同目的的，当事人可以解除合同。孙某在春节过后十多天才交付春联，致使刘某购买春联的目的不可能实现，刘某解除合同符合法律规定。因此，孙某的请求不会得到法院的支持。

---

① 解答：BCD。

法条链接

《中华人民共和国民法典》

第五百六十三条　有下列情形之一的，当事人可以解除合同：

（一）因不可抗力致使不能实现合同目的；

（二）在履行期限届满前，当事人一方明确表示或者以自己的行为表明不履行主要债务；

（三）当事人一方迟延履行主要债务，经催告后在合理期限内仍未履行；

（四）当事人一方迟延履行债务或者有其他违约行为致使不能实现合同目的；

（五）法律规定的其他情形。

以持续履行的债务为内容的不定期合同，当事人可以随时解除合同，但是应当在合理期限之前通知对方。

第五百六十四条　法律规定或者当事人约定解除权行使期限，期限届满当事人不行使的，该权利消灭。

法律没有规定或者当事人没有约定解除权行使期限，自解除权人知道或者应当知道解除事由之日起一年内不行使，或者经对方催告后在合理期限内不行使的，该权利消灭。

温馨提示

履行期限是实现合同目的的决定性因素时，债务人在规定的期限内未履行，构成根本违约；继续履行已无必要，债权人可以不经催告，直接通知债务人解除合同。

自测小题

选择：甲公司和乙公司签订一笔服务合同，约定由乙公司为甲公司提供为期一年的设备维护服务。合同订立后，乙公司常常无理拒绝甲公司的维护请求，多次催告之后乙公司仍然拒绝履行。1 月 15 日，甲公司发出解除合同的通知，该通知于 1 月 18 日到达乙公司。请问，双方的合同何时解除?[①]（ ）

A. 甲公司解除合同时未征得乙公司同意，合同未解除

B. 1 月 15 日

C. 1 月 18 日

抵销权可以随时行使吗?

案例实录

2018 年，某钢铁企业为了扩大经营规模，向兄弟企业借款 1000 万元用于采购机器等设备。借款期限为 5 年，本金利息一块结算。2020 年，该兄弟企业因某型号产品缺货，从该钢铁企业借调钢材 200 吨供应客户，估价 200 万元。2021 年，该钢铁企业因资金周转困难，要求该兄弟企业先偿还200 万元用于救急，该兄弟企业以该钢铁企业欠其1000 万元为由，主张抵销其200 万元欠款。该兄弟企业可以主张抵销吗?

律师分析

本案涉及的是法定债务抵销的相关问题。法定抵销，是指当具备法律规定的两债权得以抵销的条件时，当事人一方主张抵销的在通知到达对方后抵销即生效。实践中，法定抵销须具备的要件是：（1）必须是双方当事人互负债务、互享债权；（2）双方当事人所负债务标的

① 解答：C。

物种类、品质相同；（3）主动提出抵销的当事人债权已到期；（4）双方所负债务必须都属于可抵销的债务。本案中，双方当事人虽然互负债务，但提出抵销的当事人即该兄弟企业的债权没有到期，而其欠该钢铁企业的货款没有约定偿还期限，该钢铁企业可以随时索要，因此该钢铁企业可以不同意该兄弟企业的抵销请求。

法条链接

《中华人民共和国民法典》

第五百六十八条　当事人互负债务，该债务的标的物种类、品质相同的，任何一方可以将自己的债务与对方的到期债务抵销；但是，根据债务性质、按照当事人约定或者依照法律规定不得抵销的除外。

当事人主张抵销的，应当通知对方。通知自到达对方时生效。抵销不得附条件或者附期限。

温馨提示

抵销属于形成权的一种，行使抵销权的结果可以在同等范围内消灭双方的债权债务关系。抵销的条件是双方均具有种类、品质相同的标的且是有效的债权债务关系。双方当事人可以通过协商的方式抵销债权债务关系，也可以一方以通知的方式行使抵销权。

自测小题

选择：招远公司和福临公司互负依法可以抵消的债务。某日，招远公司提出抵销，但前提是福临公司须与其签订一份新的订单。请问，该案中的抵销是否有效？[①]（　）

A. 有效　　　　B. 无效

① 解答：B。

合同签订后原材料价格大幅上涨，供货方可以要求变更或解除合同吗？

案例实录

大公公司与银宝公司签订买卖合同一份，约定由银宝公司向大公公司提供张家港化肥厂生产的规格为23.5%的氯化铵2000吨，单价为390元/吨，总货款为78万元，在海安县境内码头交货，当年年底交清。合同签订后，大公公司当即以78万元的银行承兑汇票向银宝公司交清了全部货款。当年年底，大公公司收到银宝公司发出的通知函，称所订合同因生产厂家原材料涨价，造成氯化铵价格大幅上涨，张家港提货价涨至830元/吨，数次与大公公司联系，均未得到回复。合同期限届满后，大公公司于次年1月14日收到银宝公司送货300吨，同年2月2日再次收到银宝公司送货200吨。同年2月18日，大公公司通过银宝公司到张家港生产厂家自提氯化铵600吨。此后，银宝公司未再供货。

不久前，银宝公司将大公公司作为被告向法院提出诉讼，以合同标的物价格大幅上涨属情势变更为由请求变更或解除双方所签订的合同。请问银宝公司的请求能否得到法院的支持？

律师分析

银宝公司的请求可以得到法院的支持。情势变更原则，是指合同有效成立后，因不可归责于双方当事人的事由发生重大变化而使合同的基础动摇或者丧失，若继续履行合同会显失公平，因此允许变更合同内容或解除合同的原则。本案中双方当事人签订购销协议后，在履行协议的过程中，原材料价格上涨，致使化肥的成本价格大幅增加，这种情势是银宝公司不可预见、不可避免、不能克服的。

如按原合同执行，对银宝公司来说，显失公平。根据我国《民法典》第五百三十三条的规定，合同成立以后客观情况发生了当事人在订立合同时无法预见的、不属于商业风险的重大变化，继续履行合同对于当事人一方明显不公平的，受不利影响的当事人可以与对方进行协商；在合理期限内协商不成的，当事人可以请求人民法院或者仲裁机构变更或者解除合同。本案中，如继续履行合同，将会使银宝公司遭受极大的损失，因此银宝公司请求变更或解除合同能够得到法院的支持。

法条链接

《中华人民共和国民法典》

第五百三十三条　合同成立后，合同的基础条件发生了当事人在订立合同时无法预见的、不属于商业风险的重大变化，继续履行合同对于当事人一方明显不公平的，受不利影响的当事人可以与对方重新协商；在合理期限内协商不成的，当事人可以请求人民法院或者仲裁机构变更或者解除合同。

人民法院或者仲裁机构应当结合案件的实际情况，根据公平原则变更或者解除合同。

温馨提示

根据公平原则，当合同成立以后客观情况发生重大变化，继续履行对当事人一方明显不公平时，受不利影响的当事人可以请求人民法院或仲裁机构变更或者解除合同。

自测小题

选择：周某与某公司于半年前签订了商铺买卖合同。近期，房价大涨，周某购买的商铺价值也相应提升，卖方认为自己卖亏了，可以

主张变更或解除合同吗?[①]（　）

A. 房价大涨导致继续履行合同对卖家明显不公平，卖家有权主张变更或解除合同

B. 房价受市场、政策等因素影响，变动是正常的商业风险，卖家无权主张变更或解除合同

按合同约定给对方送鲜鱼，对方无故拒绝受领怎么办?

案例实录

某运输公司与某水产公司签订货物运输合同，运输公司代其将采购员采购的货物运送到水产公司。水产公司采购员王某采购了5000斤鲜鱼，以备水产公司日常销售。运输公司将该鲜鱼送到水产公司时，水产公司没有正当理由却拒绝受领。运输公司对这5000斤鲜鱼可以依法采取哪些措施?

律师分析

本案涉及的是标的物的提存问题。所谓提存是指由于债权人的原因，债务人无法向债权人给付合同标的物时，债务人将合同标的物交付提存部门而消灭合同关系的法律制度。提存制度的建立，使债务人能够及时了结债务关系，避免因延迟履行而产生的新债务，有利于保护债务人的利益。根据我国《民法典》第五百七十条的规定，债务人可以将标的物提存的情形为：（1）债权人无正当理由拒绝受领；（2）债权人下落不明；（3）债权人死亡未确定继承人、遗产管理人，或者丧失民事行为能力未确定监护人；（4）法律规定的其他情形。运

① 解答：B。

输公司为水产公司运送鲜鱼，水产公司没有正当的理由却拒绝受领。在此情况下运输公司可以依法申请提存，以保护自己的合法权益。但是鲜鱼不是普通产品，如果长时间存放，就会变质，甚至腐烂，不适宜提存。对于此种情况，法律规定标的物不适于提存或者提存费用过高的，债务人依法可以拍卖或者变卖标的物，提存所得的价款。运输公司可以对该批鲜鱼进行拍卖或变卖，以所得的价款进行提存。

法条链接

《中华人民共和国民法典》

第五百七十条　有下列情形之一，难以履行债务的，债务人可以将标的物提存：

（一）债权人无正当理由拒绝受领；

（二）债权人下落不明；

（三）债权人死亡未确定继承人、遗产管理人，或者丧失民事行为能力未确定监护人；

（四）法律规定的其他情形。

标的物不适于提存或者提存费用过高的，债务人依法可以拍卖或者变卖标的物，提存所得的价款。

第五百七十二条　标的物提存后，债务人应当及时通知债权人或者债权人的继承人、遗产管理人、监护人、财产代管人。

温馨提示

提存制度的建立和完善，有利于债务纠纷的及时解决，更好地平衡债权人和债务人双方的利益冲突，保证市场机制地正常运行。提存应符合一定的条件，并按法定的程序进行。提存实施后，在债务人、债权人、提存部门相互之间将产生相应的法律效力。

自测小题

选择：甲公司和乙公司互负债权债务，分别在当年3月和5月到期。3月，甲公司的债权到期后，乙公司直接办理了提存，并通知了甲公司。请问乙公司的要求合法吗?[①]（　）

A. 不合法　　　　　　B. 合法

货物提存期间毁损如何处理?

案例实录

赵某和河北某箱包生产公司签订买卖合同。合同约定，赵某购买该公司箱包，总价款100万元，一个月以后交货。合同到期后，河北省箱包生产公司送货上门。由于赵某出国一直未归，河北省箱包生产公司多次与之联系均未得到回复，致使送货一直未能成功。河北省箱包生产公司将此批次箱包进行了提存。提存期间，由于连天阴雨，箱包发生了霉变。问：箱包霉变的风险应由谁来承担?这批箱包该如何处理?

律师分析

提存是以清偿为目的，所以货物在被合法提存后，债务人与债权人之间的债消灭，合同已经终结。财产的所有权随提存被认定转为债权人所有，我国《民法典》第五百七十三条规定："标的物提存后，毁损、灭失的风险由债权人承担。提存期间，标的物的孳息归债权人所有。提存费用由债权人负担。"赵某与河北省箱包生产公司签订合同后，由于出国原因导致合同不能履行，河北省箱包生产公司可以依法提存箱包。箱包被提存后，其所有权转为债权人赵某所有，赵某对其损毁、灭失的

① 解答：A。

风险负责，该箱包发生了霉变应当由赵某负责。货物提存都有时间限制，不可能无限期提存下去。根据我国《民法典》第五百七十四条第二款的规定，债权人领取提存物的权利，自提存之日起五年内不行使而消灭，提存物扣除提存费用后归国家所有。为保护箱包，赵某最好将箱包收回并做相应处理，如长期滞留在提存处，过了五年期限后箱包就收归国有了。

法条链接

《中华人民共和国民法典》

第五百七十三条　标的物提存后，毁损、灭失的风险由债权人承担。提存期间，标的物的孳息归债权人所有。提存费用由债权人负担。

第五百七十四条第二款　债权人领取提存物的权利，自提存之日起五年内不行使而消灭，提存物扣除提存费用后归国家所有。但是，债权人未履行对债务人的到期债务，或者债权人向提存部门书面表示放弃领取提存物权利的，债务人负担提存费用后有权取回提存物。

温馨提示

标的物提存后，不论债权人是否提取，都产生债务消灭的法律后果。根据法律规定，标的物所有权自标的物交付时起转移。提存视为在其提存范围内标的物的交付。

自测小题

选择：米高公司的法定代表人卷款潜逃，导致该公司的债务人无法交货，无奈之下只能依法申请提存，请问，提存费用由谁负担?[①]（　）

A. 米高公司　　　　B. 米高公司的债务人

C. 提存部门

① 解答：A。

第四章
违约责任

一方违约另一方可以既要违约金又要定金吗?

案例实录

严某从宋某处购得一处商品房，双方订立了二手房买卖合同。因严某最近手头较紧，双方约定：严某向宋某支付定金 10 万元，其余钱款 3 个月内付清，宋某不得再将房屋卖给他人，如任何一方违约应支付违约金 5 万元。次月宋某遇到另一家买主出价更高，便全款卖给该买主。此时严某可以要求宋某双倍返还定金并支付违约金吗?

律师分析

根据我国《民法典》第五百八十八条的规定，在合同中既有定金又有违约金的情况下，如果一方当事人违约，非违约方只能在定金与违约金罚则中选择一种适用。即如果是违约方交付的定金，非违约方可以选择不归还定金或者接受违约金，按原数归还定金；如果是非违约方交付的定金，则非违约方可以选择对方双倍归还定金或者对方按原数额返还定金，并支付违约金。

法条链接

《中华人民共和国民法典》

第五百八十八条　当事人既约定违约金，又约定定金的，一方违约时，对方可以选择适用违约金或者定金条款。

定金不足以弥补一方违约造成的损失的，对方可以请求赔偿超过定金数额的损失。

温馨提示

为了平等保障双方当事人的合法权益，定金条款和违约金条款不可同时适用。根据我国《民法典》第五百八十八条的规定，当事人既约定违约金，又约定定金的，一方违约时，对方可以根据实际情况选择对自己最有利的方案。

自测小题

选择：飞宇公司与祥麟公司签订买卖合同，约定由祥麟公司为其提供一批货物，若祥麟公司到期不能履行交货义务，须向飞宇公司支付20万元违约金。合同成立次日，飞宇公司按照合同约定向祥麟公司支付了10万元定金。合同履行期限届满后，祥麟公司无法履行交货义务，导致飞宇公司遭受25万元损失。飞宇公司应当如何主张，才能保证自己利益最大化?[①]（ ）

A. 飞宇公司可要求祥麟公司双倍返还定金20万元并支付违约金20万元

B. 飞宇公司可要求祥麟公司双倍返还定金20万元或支付违约金20万元

C. 飞宇公司可要求祥麟公司双倍返还定金20万元并支付违约金5万元

D. 飞宇公司可要求祥麟公司退回定金10万元并支付违约金20万元

---

① 解答：D。

出租车“误时”需要赔偿乘客损失吗？

案例实录

洪某是一私营企业老板。有一天早上8点他乘火车从A市到达B市，叫了一辆出租车，对司机说必须在9点前赶到某宾馆签约，否则自己将损失20万元。司机表示没有问题。正常情况下半小时就可以到该宾馆，可是由于司机绕路加油又遇到上班高峰时段堵车，到宾馆时已是9点20分，导致签约没成功，造成洪某损失20万元。洪某起诉出租车司机，要求赔偿他20万元。洪某的请求会得到法院的支持吗？

律师分析

本案涉及的是违约的赔偿范围问题，洪某的请求应该得到法院的支持。根据我国《民法典》第五百八十四条的规定，对违约损害赔偿采取的是完全赔偿原则，即违约方应赔偿受害人因其违约行为所遭受的全部损失，包括实际损失和可得利益的损失。本案中，出租车司机应该熟悉B市的路况并对时间、行车路线等作充分的估计。而事实上因其过错行为使洪某没有赶上签约，造成了20万元的可得利益损失。因该司机是出租车公司的工作人员，因此其行为的责任应由出租车公司承担，但出租车公司赔偿了洪某后，有权向该司机追偿。

法条链接

《中华人民共和国民法典》

第五百八十四条　当事人一方不履行合同义务或者履行合同义务不符合约定，造成对方损失的，损失赔偿额应当相当于因违约所造成的损失，包括合同履行后可以获得的利益；但是，不得超过违约一方订立合同时预见到或者应当预见到的因违约可能造成的损失。

温馨提示

当事人一方不履行合同义务或者履行合同义务不符合约定，给对方造成损失的，应承担违约责任，赔偿因违约造成的可预见的损失。

自测小题

选择：全兴公司与某货运公司签订运输合同，约定由货运公司为其提供运输服务。运输时，因货运公司疏忽，少派了一辆车，导致全兴公司面临无法按期将货物运送至指定地点并因此遭受损失，如因货运公司原因导致全兴公司无法如期履行义务，全兴公司有权[①]（ ）。

A. 解除合同

B. 要求货运公司立即采取补救措施

C. 要求货运公司承担违约责任

实际损失与合同约定不符，按哪一个执行？

案例实录

某果品公司与某宾馆签订水果买卖合同，合同金额6万元，双方约定任何一方违约，都要向对方支付2万元违约金。后来果品公司违约，给宾馆造成了实际经济损失1.8万元。双方就按违约金赔偿还是按实际损失赔偿无法达成一致意见，遂起诉到人民法院。在这样的情况下，法院应该支持谁的主张？

---

① 解答：BC。

律师分析

违约金是指合同当事人完全不履行或不适当履行债务时，必须按约定给付他方的一定数额的金钱。违约金的数额是双方根据合同内容约定的，也可以约定因违约产生的损失赔偿额的计算方法。对于合同一方违约造成的经济损失与约定的违约金不一致的情况，我国《民法典》第五百八十五条规定，约定的违约金低于造成的损失的，人民法院或者仲裁机构可以根据当事人的请求予以增加；约定的违约金过分高于造成的损失的，人民法院或者仲裁机构可以根据当事人的请求予以适当减少。果品公司违约给宾馆造成的经济损失是1.8万元，而合同约定的违约金是2万元，两者只相差2千元，不存在违约金“过分高于”实际损失的情况，所以果品公司应当按违约金数额来进行赔偿。

法条链接

《中华人民共和国民法典》

第五百八十五条　当事人可以约定一方违约时应当根据违约情况向对方支付一定数额的违约金，也可以约定因违约产生的损失赔偿额的计算方法。

约定的违约金低于造成的损失的，人民法院或者仲裁机构可以根据当事人的请求予以增加；约定的违约金过分高于造成的损失的，人民法院或者仲裁机构可以根据当事人的请求予以适当减少。

当事人就迟延履行约定违约金的，违约方支付违约金后，还应当履行债务。

温馨提示

根据公平原则和诚实信用原则，合同约定的违约金过分高于造成的实际损失时，当事人可以请求人民法院或者仲裁机构予以适当减少。

自测小题

判断：长城公司在与成华公司的合同中违约，其按对方的要求采取了补救措施，但成华公司称：因长城公司违约，其还遭受了其他损失，对此，成华公司有权要求长城公司赔偿损失。该说法是否正确?①（　）

电力公司及时修复电路，突然来电对公司造成的损失由谁负责?

案例实录

某冷链物流公司长年与某电力公司合作，并签订有供电使用合同。夏季是全市用电的高峰期，也是冷链物流公司用电的高峰期。一天，冷链物流公司的电路损坏，便启用自备发电设备供应基本用电。电力公司派人前来维修，导致突然来电，冷链物流公司损坏的线路发生短路，造成火灾，冷链物流公司损失严重。冷链物流公司提出，电力公司在来电前没有发布通知，使自己公司没有做好相关防范，从而遭受的重大经济损失，应由电力公司进行赔偿。电力公司应该承担赔偿责任吗?

律师分析

电路出现问题，会给人民群众的生活带来极大的麻烦，对于一些公司或企业，则可能造成重大的经济损失。冷链物流公司遭遇电路损坏，电力公司及时派出技术人员进行维修，是对工作的负责，也是对用电人利益的保护。我国《民法典》第六百五十二条规定，供电人因供电设施计划检修、临时检修、依法限电或者用电人违法用电等原因，需要中断供电时，应当按照国家有关规定事先通知用电人。否

① 解答：正确。

则，如果造成用电人损失的话，需要承担赔偿责任。在本案中，电力公司在维修好电路后，没有及时通知冷链物流公司，致使其遭受重大经济损失，原则上应当由电力公司承担部分责任。而冷链物流公司用自备发电设备供电，忽视了电力公司电路维修的进展，使得重新输电很突然，对此也负有部分责任。电力公司和冷链物流公司应共同对损害结果承担责任。

法条链接

《中华人民共和国民法典》

第六百五十二条 供电人因供电设施计划检修、临时检修、依法限电或者用电人违法用电等原因，需要中断供电时，应当按照国家有关规定事先通知用电人；未事先通知用电人中断供电，造成用电人损失的，应当承担赔偿责任。

温馨提示

供用电合同是一种持续供给合同，供电人在发电、供电系统正常的情况下，应当连续向用电人供电，不得中断，否则应当承担违约责任。这是供电人连续供电的义务。但是在供电设施检修、依法限电或者用户违法用电等情形下，供电人可以中断供电。为了尽量减少用电人的损失，合理安排其生产、生活，供电人应当按照有关规定事先通知用电人，否则由此造成的损失应由供电人承担赔偿责任。

自测小题

选择：某地发生强降雨导致当地一工厂停电，工厂因此损失上万元，对于该损失的承担，下列说法正确的有?[1]（ ）

---

① 解答：B。

A. 强降雨系不可抗力，无论供电人是否及时抢修，该工厂都应自行承担损失

B. 若供电人未按规定及时抢修，供电人应承担相应的赔偿责任

C. 如工厂经常逾期支付电费，无论供电人是否及时抢修，都不必承担赔偿责任

约定的演员无法到场，可以让他人代替吗？

案例实录

某娱乐公司与某洗发水厂家合作拍摄某品牌洗发水广告，经试镜该洗发水厂家决定由演员黄某出演广告中男主角，双方签订广告拍摄合同。但是广告开拍时恰巧黄某出国拍电影，娱乐公司称可以让同公司演员牛某到场拍摄。请问，合同中约定的演员黄某不能按时拍摄广告时，能否找他人来代替？

律师分析

拍广告作为合同标的，属于非金钱债务。所谓非金钱债务，是指除了金钱作为标的的债务之外的合同债务，这类债务的标的包括金钱以外的物、行为和智力成果。我国《民法典》第五百八十条规定，当事人一方不履行非金钱债务或者履行非金钱债务不符合约定的，对方可以请求履行。但是实际中有很多的非金钱债务是不适合实际履行的，出现以下三种情形时，不得请求继续履行：（1）法律上或者事实上不能履行。在某些情况下，法律明文规定不适用继续履行，如情事变更时，如果继续履行则显失公平，而责令违约方只承担违约金责任或赔偿损失责任。（2）债务的标的不适于强制履行或者履行费用过高。比如，具有人身专属性的委托合同、技术开发合同、演出合同、

出版合同等。（3）债权人在合理期限内未请求履行。过了履行期再要求履行只会增加履行人的负担。娱乐公司与洗发水厂家签订的广告合同中约定由黄某出演男主角，该合同具有人身专属性质，不能够找他人进行代替。因此当黄某不能到场时，不适于继续履行，娱乐公司应当承担违约责任。

法条链接

《中华人民共和国民法典》

第五百八十条　当事人一方不履行非金钱债务或者履行非金钱债务不符合约定的，对方可以请求履行，但是有下列情形之一的除外：

（一）法律上或者事实上不能履行；

（二）债务的标的不适于强制履行或者履行费用过高；

（三）债权人在合理期限内未请求履行。

有前款规定的除外情形之一，致使不能实现合同目的的，人民法院或者仲裁机构可以根据当事人的请求终止合同权利义务关系，但是不影响违约责任的承担。

温馨提示

我国《民法典》对非金钱债务合同的履行作出了具体规定，除了对方当事人在法律上或者事实上不能履行的、债务的标的不适于强制履行或者履行费用过高的、债权人在合理期限内未请求其履行的这三种情况之外，债权人都可以请求对方依法履行合同，未经债权人同意，债务人不得随意变更合同约定内容。具有人身专属性的合同不适于强制履行，因为人身专属性合同的签订具有一定的“指向性”，即指定某人履行合同，或在合同的履行中扮演着重要的角色，一旦替换成其他人，该合同的签订也就失去了意义。所以，法律严格规定除一些特殊原因外，要充分保护人身专属性合同未违约一方的请求继续履行权。

自测小题

选择：甲公司与某演员签订演艺合同，约定由某演员为甲公司新产品的发布会剪彩。当日，该演员因病无法上台剪彩，导致甲公司无法按约定履行合同义务。经双方协商一致，该演员推荐了另外一位与其名气相当的演员为甲公司剪彩，但由于所在经纪公司不同，甲公司不得不支付更多的演艺费用。请问，对于增加的这笔费用，应由谁承担?[①]（　）

A. 某演员

B. 甲公司

C. 某演员与甲公司分摊

对于合同中约定的定金，法律上是如何规定的?

案例实录

某地产公司想要给公司员工发放新年礼品，便与某礼品公司签订礼品制作合同，同时支付了5000元定金。但后来该礼品公司接到更大订单，认为将该批礼品发至他处利润更高，便决定不与该地产公司合作，遂把定金退回。请问，这种情况下，礼品公司只需将定金如数退还就可以吗？法律上对于合同中约定的定金是如何规定的?

律师分析

本案中，礼品公司如果不想为地产公司定制礼品，须双倍返还定金。定金是指当事人约定由一方向对方给付的，作为债权担保的一定数额的货币，它属于一种法律上的担保方式，目的在于促使债务人履

① 解答：A。

行债务，保障债权人的债权得以实现。根据《民法典》第五百八十七条的规定，给付定金的一方如果不履行合同，无权收回定金；接受定金的一方如果不履行合同，须双倍返还定金。

法条链接

《中华人民共和国民法典》

第五百八十七条 债务人履行债务的，定金应当抵作价款或者收回。给付定金的一方不履行债务或者履行债务不符合约定，致使不能实现合同目的的，无权请求返还定金；收受定金的一方不履行债务或者履行债务不符合约定，致使不能实现合同目的的，应当双倍返还定金。

温馨提示

定金的数额原则上是由当事人约定的，但我国相关法律又对其最高限额作了限定，即不能超过主合同标的额的20%。也就是说，当事人约定的定金数额超过主合同标的额的20%的，超过的部分人民法院不予支持。意图显然是限制给付数额过大的定金，将定金的惩罚限定在一定的限度内。

自测小题

判断：当事人在合同中约定“订金”的，与约定“定金”的具有同样的法律效力。[①]（ ）

① 解答：错误。

因第三人原因造成违约的，违约责任由谁承担？

案例实录

焦某与某房屋装修公司签订房屋装修合同，约定装修公司装修完成后委托某保洁公司进行房屋最后的保洁工作。但是保洁公司的工作人员在进行房屋保洁时，因小区停水未及时关闭水龙头，导致焦某房屋被水浸泡，造成木质地板泡损等损失。那么，这种情况下，应该由房屋装修公司还是保洁公司承担赔偿责任？

律师分析

这种情形下，焦某只能要求房屋装修公司承担责任。依据合同相对性原则，合同关系只能发生在合同当事人之间，只有一方当事人能够向另一方当事人基于合同提出请求或提出诉讼；除法律另有规定外，只有合同当事人才能享有某个合同所规定的权利，并承担合同所规定的义务，合同当事人以外的任何第三人不能主张合同上的权利。同时，合同的违约责任只能在特定的当事人之间，即合同关系的当事人之间发生；合同关系以外的人，不负违约责任，合同当事人也不对其承担违约责任。

本案中焦某与某房屋装修公司之间存在合同关系，而焦某与保洁公司之间不存在合同关系，房屋装修公司是义务人，负有履行债务的义务。房屋装修公司在向焦某承担责任后，可以向保洁公司请求追偿。

法条链接

《中华人民共和国民法典》

第五百九十三条　当事人一方因第三人的原因造成违约的，应当依法向对方承担违约责任。当事人一方和第三人之间的纠纷，依照法律规定或者按照约定处理。

温馨提示

《民法典》合同编所确立的违约责任为无过错责任原则，即严格责任。因此，只要合同当事人一方有违约行为，就要承担相应的责任，即使违约产生的客观原因各不相同，违约行为人无主观过错，不妨碍违约责任的构成。也就是说，违约问题属于合同当事人之间的问题，合同当事人一方有违约行为，就应承担相应的责任。违约行为即使是由于第三人的原因造成的，违约人也应当承担违约责任。

自测小题

填空：当事人约定由第三人向债权人履行债务，第三人不履行债务或者履行债务不符合约定的，__________应当向债权人承担违约责任。[①]

无偿替别人运送物品导致损坏需要赔偿吗?

案例实录

一家运输公司派司机吴某去上海拉货，吴某的朋友牛某得知后让他帮忙运回1吨方便面，价值4000元左右。双方言明这是朋友间的帮忙，没有报酬。在运回方便面的过程中，吴某的车篷布不慎被树枝刮破，而中途又突降暴雨，吴某虽采取了一定的措施，但因雨势太大，车上的方便面因严重受潮而变质。牛某于是要吴某赔偿全部损失，吴某需要赔偿吗?

① 解答：债务人。

律师分析

本案中，吴某不需要赔偿牛某的损失。根据《民法典》第九百二十九条第一款的规定，无偿的委托合同，只有在受托人故意或者重大过失的情况下给委托人造成损失的，委托人才可以请求损害赔偿。具体到本案中，吴某与牛某之间明显是无偿的委托合同关系，且方便面装车后，吴某采取措施用车篷布将车盖好，只是路上车篷布被树枝刮破，中途又遭遇暴雨才导致方便面受损。吴某发现此情形后，还积极采取了措施，显然，吴某不存在故意或者重大过失，因此不需要赔偿牛某的损失。

法条链接

《中华人民共和国民法典》

第九百二十九条　有偿的委托合同，因受托人的过错造成委托人损失的，委托人可以请求赔偿损失。无偿的委托合同，因受托人的故意或者重大过失造成委托人损失的，委托人可以请求赔偿损失。

受托人超越权限造成委托人损失的，应当赔偿损失。

温馨提示

在无偿合同中，当事人应承担较轻的妥善保管的注意义务，仅对故意或者重大过失承担责任。如果东西的损坏不是由于当事人的故意或者重大过失造成的，就不需要对损失承担责任。

自测小题

判断：秦某出差之前，委托某宠物店照顾其宠物狗大宝，宠物店按每日 50 元的标准收费。一周后，秦某出差归来，发现大宝感染疾病，经查实，是宠物店未妥善照顾大宝导致的。对于秦某的损失，宠物店无须承担赔偿责任。[1]（　）

---

[1] 解答：错误。

第五章

买卖与赠与合同

买方未及时提货导致货物损毁，卖方要担责吗？

案例实录

某科技公司与某家具公司签订了一份家具买卖合同，约定某科技公司向某家具公司购买一批办公家具，货款总价10万元，双方约定6月底前交货，交货地点为某家具公司仓库，由某科技公司自备运输工具提货并支付货款。6月20日，某家具公司向某科技公司发出提货通知，要求某科技公司按时于6月底前提货。7月初，某家具公司多次催告，某科技公司却始终未去提货。之后，某家具公司的仓库突然起火，导致家具被大火烧毁。某家具公司要求某科技公司给付货款10万元，而某科技公司辩称，货物已经灭失，自己无法提货，当然也就无法支付货款。那么，某家具公司就该自认倒霉吗？

律师分析

本案中，导致货物迟延交付的责任在某科技公司。双方已经约定某科技公司应于6月底前提货，且家具公司也多次向某科技公司发出提货通知，显示家具公司已做好履行合同的准备，而科技公司未能及时受领货物，是某科技公司自身原因致使货物不能按约定期限交付，应当自行承担损失。我国《民法典》第六百零五条明确规定，买受人自提标的物的，出卖人将标的物置于约定或法定地点时起，风险由买受人承担。本案中，卖方某家具公司根据双方的约定履行了自己的职责，其本身不存在过错。而某科技公司违反了约定，导致货物被大火烧毁，并因此造成了损失。所以，由此造成的损失理应由某科技公司自行承担。

法条链接

《中华人民共和国民法典》

第六百零三条第二款　当事人没有约定交付地点或者约定不明确，依据本法第五百一十条的规定仍不能确定的，适用下列规定：

……

（二）标的物不需要运输，出卖人和买受人订立合同时知道标的物在某一地点的，出卖人应当在该地点交付标的物；不知道标的物在某一地点的，应当在出卖人订立合同时的营业地交付标的物。

第六百零五条　因买受人的原因致使标的物未按照约定的期限交付的，买受人应当自违反约定时起承担标的物毁损、灭失的风险。

第六百零八条　出卖人按照约定或者依据本法第六百零三条第二款第二项的规定将标的物置于交付地点，买受人违反约定没有收取的，标的物毁损、灭失的风险自违反约定时起由买受人承担。

温馨提示

买卖合同是企业在生产经营生活中最常遇见的合同，也是和普通民众日常生活关系最密切的合同，明确买卖合同中关于风险承担的规则对于正确履行买卖合同以及妥善处理买卖合同纠纷具有十分重要的实践意义。

自测小题

判断：卖方未通知买方提前将货物运至交付地点，等到买方按照

约定时间前往取货时，发现货物已经发霉。那么，损失应由卖方承担。[①]（　）

未签订书面合同，送货单可以作为买卖依据吗？

案例实录

吴某在当地批发市场开了一家副食品门店，由于待客热情、物美价廉，经营得一直很不错。吴某的朋友向其介绍了经营一家小超市的孙某。孙某希望与吴某建立长期合作关系，由吴某为其提供副食品，每月月底结算供货量和价款。吴某同意了孙某的要求，碍于朋友的面子，双方也没有签订书面合同。前几个月双方供给关系还进行得很好，可是，最近两个月，孙某每到月底总是借口推脱货款。某日，吴某送完货让孙某付款时，孙某说二人之间根本就没有签订合同，不存在买卖合同关系，尽管吴某拿出了多份送货单和结款单，但孙某还是不承认。无奈之下，吴某将孙某告上了法庭，那么，法院应如何认定双方之间的关系呢？

律师分析

本案中，吴某和孙某作为买卖双方达成合作意向，形成的供给关系只是在口头上达成约定，并没有签订法律意义上的书面合同。在没有书面合同的约束下，孙某否认吴某向其超市提供副食品，而且也不承认双方之间的买卖关系，那么法院应如何认定呢？根据《最高人民法院关于审理买卖合同纠纷案件适用法律问题的解释》第一条的规定，当事人之间没有书面合同，一方以送货单、收货单、结算单、发

---

① 解答：正确。

票等主张存在买卖合同关系的，人民法院应当结合当事人之间的交易方式、交易习惯以及其他相关证据，对买卖合同是否成立作出认定。本案中，吴某将孙某告上了法庭，吴某应当向法院提供送货单、结款单作为证据，同时，法院应就双方的交易方式、交易习惯等方面进行调查，并询问当时的介绍人以获取相关信息，以此对买卖合同是否成立作出认定。

法条链接

《最高人民法院关于审理买卖合同纠纷案件适用法律问题的解释》

第一条　当事人之间没有书面合同，一方以送货单、收货单、结算单、发票等主张存在买卖合同关系的，人民法院应当结合当事人之间的交易方式、交易习惯以及其他相关证据，对买卖合同是否成立作出认定。

对账确认函、债权确认书等函件、凭证没有记载债权人名称，买卖合同当事人一方以此证明存在买卖合同关系的，人民法院应予支持，但有相反证据足以推翻的除外。

温馨提示

书面合同是当事人之间买卖关系的最直接的有效证明，但现实中总会发生各种各样的特殊原因导致双方未能签订合同。当双方没有签订书面合同时，一方可以提供送货单、收货单、结算单、发票等作为自己的证据证明交易行为的存在。

自测小题

选择：王某称自己是李某的供货商，李某从自己这里进货后没有支付货款。后王某将李某诉至法院。请问，王某可以提供哪些证据证

明自己与李某成立买卖合同关系?[①] ( )

A. 王某与李某签订的买卖合同

B. 送货单、对账单等单据

C. 李某在王某处进货的聊天记录

D. 王某为给李某送货而聘请的货车司机的证人证言

签订意向书后另一方拖延签订合同导致损失，谁应担责?

案例实录

新华公司与东风公司达成合作意向，双方约定由东风公司向新华公司提供30吨钢材，经过一番协商，双方就合作事宜签订了一份合作意向书，约定一周后正式签约，正式签约时即完成货款交接。其间钢材价格猛跌，新华公司却迟迟未来签约，东风公司也没有把该批钢材销售给其他用户。后来，新华公司致电东风公司要求取消合作，东风公司认为双方已经签订了意向书，因此没有把该批钢材销售给他人，公司为此承受了巨大损失，要求对方赔偿损失。请问，东风公司的要求合法吗?

律师分析

本案中，新华公司与东风公司经过协商，达成了合作意向才签订了合作意向书。意向书的签订表明新华公司同意购买该批钢材，并且在签约后即付货款。但是，后来新华公司因故取消合同，在此期间，东风公司无法将该批钢材出售，并因钢材降价遭受了经济损失。《民法典》第四百九十五条规定："当事人约定在将来一定期限内订

① 解答：ABCD。

立合同的认购书、订购书、预订书等，构成预约合同。当事人一方不履行预约合同约定的订立合同义务的，对方可以请求其承担预约合同的违约责任。”所以，新华公司对东风公司遭受的损失应予以相应赔偿。

法条链接

《中华人民共和国民法典》

第四百九十五条　当事人约定在将来一定期限内订立合同的认购书、订购书、预订书等，构成预约合同。

当事人一方不履行预约合同约定的订立合同义务的，对方可以请求其承担预约合同的违约责任。

温馨提示

预约合同是合同双方当事人为约定双方在将来一定期限内签订合同而成立的合同，其本质也是一种契约，对双方当事人具有法律效力。当事人签订了预约合同，表示其在规定时间内签订买卖合同，如一方未能履行订立合同的义务，对另一方遭受的损失应予以赔偿。

自测小题

选择：风华公司与成华公司就双方开展招商合作一事进行了初步磋商，就招商内容、招商时间、费用分担、大致的权利义务等事项进行了确定。之后，双方签订了一份备忘录，约定在国庆节之前订立正式合同。9 月下旬，成华公司联系风华公司磋商，遭到拒绝。成华公司与风华公司之间成立何种法律关系，成华公司是否有权主张违约责任？[1]（　）

---

① 解答：C。

A. 不成立法律关系，成华公司无权主张违约责任

B. 不成立法律关系，成华公司有权主张缔约过失责任

C. 成立预约合同关系，成华公司有权主张违约责任

未仔细验货就在送货单上签字，可以视为已经验货了吗？

案例实录

齐某与某食品加工厂之间建立了长期的合作伙伴关系，双方的业务往来一直很好。不久前，齐某向该食品加工厂订购了一批食品，共计2000件。一周后，食品加工厂将货物送至齐某的仓库时，齐某象征性地查看了两箱货物，就在送货单上签了字。库管人员在整理货物时，发现少了5件食品。齐某立即联系食品加工厂，但对方称齐某已经验货了，食品加工厂对此没有责任。那么，齐某没有实际验货就直接在送货单上签字能算是检验了吗？

律师分析

本案中，齐某在食品加工厂送到货时，出于对食品加工厂的信任，并没有实际检验货物，就直接在送货单上签了字，但事后发现少货的问题，如果没有充足的证据证明，齐某应当自己承担损失责任。《民法典》第六百二十三条规定："当事人对检验期限未作约定，买受人签收的送货单、确认单等载明标的物数量、型号、规格的，推定买受人已经对数量和外观瑕疵进行检验，但是有相关证据足以推翻的除外。"所以，齐某在送货单上签收，就表示其认为货物没有问题，表示已对货物数量进行了检验，如此后出现问题，在齐某没有明确的证据推翻的情况下，责任应由齐某承担，食品加工厂不负责任。

法条链接

《中华人民共和国民法典》

第六百二十三条　当事人对检验期限未作约定，买受人签收的送货单、确认单等载明标的物数量、型号、规格的，推定买受人已经对数量和外观瑕疵进行检验，但是有相关证据足以推翻的除外。

温馨提示

买受人应当对自己所购买的货物进行全面、及时的检验，以确保自己的合法权益。买受人签收货物即表明其对货物的数量、型号、规格等予以确认，事后如果没有充足的证据，货物的数量和外观瑕疵责任应由买受人自己承担。

自测小题

判断：某副食店与蔬菜经营部订立买卖合同，合同未对检验期限作出规定，只要副食店在送货单上签了字，就证明其进行了检验。该说法是否正确?① （　）

运输途中的货物毁损，该由买方还是卖方承担损失?

案例实录

甲公司端午节前从南方采购了大量粽叶，货物用火车直接运送到甲公司所在的城市。乙公司是一食品加工公司，其得知后与甲公司签订了粽叶买卖合同，将其所有粽叶买下。合同订立后，运送粽叶的火车上发生了火灾，粽叶损失过半，应由谁来承担这个损失?

---

① 解答：错误。

律师分析

买卖是商品交换最普遍的形式，买卖合同是一方转移标的物的所有权于另一方，另一方支付价款的合同。转移所有权的一方为出卖人或卖方，支付价款而取得所有权的一方为买受人或者买方。我国《民法典》第六百零六条规定："出卖人出卖交由承运人运输的在途标的物，除当事人另有约定外，毁损、灭失的风险自合同成立时起由买受人承担。"甲乙两公司签订粽叶买卖合同时，粽叶已经在火车上了，粽叶的所有权在合同成立时由甲方转移为乙方所有。粽叶在火车上因意外损失大半，其损失应当由乙方食品加工公司负担。

法条链接

《中华人民共和国民法典》

第六百零六条　出卖人出卖交由承运人运输的在途标的物，除当事人另有约定外，毁损、灭失的风险自合同成立时起由买受人承担。

温馨提示

一般情况下，标的物的毁损、灭失风险自交付时发生转移。但是对于在途货物的买卖，由于双方都不直接占有该标的物，无法具体确定风险责任的归属，法律对此进行了明确规定，双方当事人可以对在途货物的风险转移时间进行约定，如果没有特别约定，在途货物的风险自合同成立时起由买受人承担。

自测小题

选择：悦来公司与东峰公司签订买卖合同，约定东峰公司将其在国外购买的一批货物转卖给悦来公司，并在 2 月 15 日交付相应单证。合同成立时，该批货物已经在运输途中（已购保险），东峰公司另行安排职工将单证交付给悦来公司，但因职工在途中发生车祸未能按期交付。2 月 22 日，该批货物所在邮轮发生海难事故，相关货物严重毁损。悦来公司以东峰公司未按约定交付有关单证为由拒绝承担货物毁损的风险，双方产生争议。请问，该案中货物毁损的风险由谁承担?[①]（　）

A. 悦来公司

B. 东峰公司

C. 保险公司

因包装不当导致货物损坏，由买方还是卖方承担责任?

案例实录

工艺品店老板杜某在外省一家艺术花瓶加工厂订购了一批货物，并签订了买卖合同。合同约定：杜某自行取货，取货时交付一半货款，另一半货款 1 个月内付清。合同签订后，杜某在对货物进行验收时发现，其中一小部分货物的包装与其他的包装有异。杜某就此向该厂提出异议，该厂工人解释说包装用的塑料泡沫已经用完，这一小部分用报纸包装也一样，并且以前也出现过类似情况，都没出过问题。当杜某将货物拉回店里时发现，那一小部分简单包装的花瓶中有一半以上都出现裂纹，无法出售。杜某向该厂提出换货，该厂以货已交付，损坏是在运输过程中造成的为由予以拒绝。那么，由此造成的损失应由买方还是卖方承担呢?

律师分析

易碎货物在交付时应当有包装，并在包装外注明易碎等字样，包装方式可以由合同双方自行约定。我国《民法典》第六百一十九条规

① 解答：A。

定："出卖人应当按照约定的包装方式交付标的物。对包装方式没有约定或者约定不明确，依据本法第五百一十条的规定仍不能确定的，应当按照通用的方式包装；没有通用方式的，应当采取足以保护标的物且有利于节约资源、保护生态环境的包装方式。"杜某与艺术花瓶加工厂在订购合同中，没有约定包装方式，之后也没有签订补充协议进行约定，但花瓶加工厂作为长期从事相关业务的厂家，应当按通用方式进行包装，对于易碎的花瓶应当采取措施，使其不受损害。花瓶加工厂在包装用的塑料泡沫已经用完的情况下，只是简单地用报纸替代，从而造成货物有不同程度的损坏，该损失应由花瓶加工厂承担。

法条链接

《中华人民共和国民法典》

第五百一十条　合同生效后，当事人就质量、价款或者报酬、履行地点等内容没有约定或者约定不明确的，可以协议补充；不能达成补充协议的，按照合同相关条款或者交易习惯确定。

第六百一十九条　出卖人应当按照约定的包装方式交付标的物。对包装方式没有约定或者约定不明确，依据本法第五百一十条的规定仍不能确定的，应当按照通用的方式包装；没有通用方式的，应当采取足以保护标的物且有利于节约资源、保护生态环境的包装方式。

温馨提示

足以保护标的物的包装方式，在运输合同中是指托运人根据货物的性质、重量、运输方式、运输距离、气候条件及运输工具的装载条件，使用符合运输要求，便于装卸和保证货物安全的包装。托运人没有进行包装的或者包装不符合约定或者运输安全需要的，承运人可以拒绝运输，对于因此给托运人造成的损失，承运人不负赔偿责任；对于因此给承运人造成损失的，托运人应当向承运人赔偿损失。

自测小题

选择：白河公司委托甲公司运输一批货物。根据约定，白河公司应当妥善包装货物。交付托运时，甲公司发现白河公司未按约定包装货物，甲公司是否可以拒绝承运?①（　）

A. 白河公司违反合同约定，甲公司有权拒绝承运

B. 运输合同的主要目的是将货物运送至指定地点，包装与否不影响合同目的实现，甲公司无权拒绝承运

产品在质保期内出现问题，买方可以少付钱吗?

案例实录

羽锡家电商场开展节日促销活动，活动声明："所有家电均可半价付款试用，一个月内无质量问题，再付全款；出现质量问题，一年内负责更换新品。"郭某逛商场时看到该活动，认为非常合适，就购买了一台笔记本电脑。几天后，郭某发现电脑的鼠标接触不良，非常不好用，于是要求更换。商场称没有适配鼠标，仅负责维修。郭某以鼠标不好用为由，要求商场减价100元，请问，郭某的做法合理吗?

律师分析

本案中，卖家承诺一年内有质量问题予以调换，但是在郭某反馈问题后，卖方并未予以更换。《最高人民法院关于审理买卖合同纠纷案件适用法律问题的解释》第十五条规定："买受人依约保留部分价款作为质量保证金，出卖人在质量保证期未及时解决质量问题而影响

---

① 解答：A。

标的物的价值或者使用效果，出卖人主张支付该部分价款的，人民法院不予支持。”郭某未支付的一半价款就是产品质量的保证金，在双方履行买卖行为义务过程中，卖方并没有履行交易前保证质量的承诺，商品有质量问题，因此，在一定程度上影响了郭某的使用效果，所以，郭某有权根据实际情况跟卖家协商少支付价款，使支付的金额与所买商品的价值等值。

法条链接

《最高人民法院关于审理买卖合同纠纷案件适用法律问题的解释》

第十五条　买受人依约保留部分价款作为质量保证金，出卖人在质量保证期未及时解决质量问题而影响标的物的价值或者使用效果，出卖人主张支付该部分价款的，人民法院不予支持。

温馨提示

买卖双方当事人可以约定由买受人保留部分价款作为质量保证金，出卖人在此期间没有保证产品质量，出现质量问题不能及时解决而影响产品价值或者使用效果的，买受人可以根据实际情况少支付剩余价款。

自测小题

判断：小军在网上购买了一辆自行车，收货时，小军未发现自行车的外观等存在瑕疵便签收了。使用一天后，小军发现自行车的刹车存在问题。对此，小军应当及时通知卖方。该说法是否正确？[1]（　）

[1] 解答：正确。

质保期内产品出现问题，卖方不予维修，买方可以自行维修再找卖方索赔吗?

案例实录

孙某从某商场买了一台洗衣机。在购买时，商家承诺三年免费保修。但是，孙某在使用洗衣机一年半后，发现一个按键非常不灵敏，于是到该商场要求售后维修，但是商场一直借口推脱。孙某反复联系了商场多次，还是没有人负责维修，因此，孙某决定自己找人维修。修好后，孙某让维修人员开具了发票，并向商场索要维修费用。请问，孙某花费的维修费用究竟应由谁承担?

律师分析

本案中，孙某购买的洗衣机在使用一年半后，就出现了质量问题，是在商家承诺的三年保质期限内，出现问题应该是由商家负责维修，但是商家没有及时给予处理，孙某因此花费的维修费应由商家承担。《最高人民法院关于审理买卖合同纠纷案件适用法律问题的解释》第十六条规定：“买受人在检验期限、质量保证期、合理期限内提出质量异议，出卖人未按要求予以修理或者因情况紧急，买受人自行或者通过第三人修理标的物后，主张出卖人负担因此发生的合理费用的，人民法院应予支持。”本案中，孙某在商家不给处理的情况下，自己找人维修，事后，孙某可以拿着证明维修的发票向商家索要维修费用。

法条链接

《最高人民法院关于审理买卖合同纠纷案件适用法律问题的解释》

第十六条　买受人在检验期限、质量保证期、合理期限内提出质量异议，出卖人未按要求予以修理或者因情况紧急，买受人自行或者通过第三人修理标的物后，主张出卖人负担因此发生的合理费用的，人民法院应予支持。

温馨提示

出卖人在出卖标的物时承诺质量保质期限和保质方式的，应当按照约定履行，买受人在检验期间、质保期间等合理期间提出质量异议，出卖人应当及时予以维修、调换等，因出卖人未及时解决或者因情况紧急，买受人自行维修或找人维修的，出卖人应承担相应的维修费用。

自测小题

选择：合同当事人应当就检验期限进行约定，没有约定检验期限的，买受人应当在发现或者应当发现标的物的数量或者质量不符合约定的合理期限内通知出卖人。买受人在合理期限内未通知或者自收到标的物之日起（ ）内未通知出卖人的，视为标的物的数量或者质量符合约定；但是，对标的物有质量保证期的，适用质量保证期的规定。①

A. 一年　　B. 两年　　C. 六个月

所有权保留买卖中，出卖人可以收回标的物吗？

案例实录

艾某托朋友从某商城买回一台冰箱。购买时，由于是熟人关系，

① 解答：B。

该商城承诺，让艾某先付1000元押金，如果半个月内没有质量问题，再支付余款，当然，在此期间内，所有权仍归商城。艾某及其朋友都同意了商城的提议，艾某用了两周后，冰箱也没有出现任何问题，因此，商城要求艾某付清余款，此时，艾某因为父母反对，一直拒绝付款。请问，商城可以收回冰箱吗？

律师分析

本案中，艾某在实施购买行为前，已和卖方达成协议，支付了定金，半个月内没有出现问题就支付剩余价款，取得冰箱所有权，但是后来艾某拒绝支付余款。《最高人民法院关于审理买卖合同纠纷案件适用法律问题的解释》第二十六条规定，买受人已经支付标的物总价款的百分之七十五以上，出卖人主张取回标的物的，人民法院不予支持。在民法典第六百四十二条第一款第三项情形下，第三人依据民法典第三百一十一条的规定已经善意取得标的物所有权或者其他物权，出卖人主张取回标的物的，人民法院不予支持。本案中，艾某未按约定支付款项，所以，商城索要冰箱是合法的，同时对两周内给冰箱造成的损耗，艾某应予以相应的价值赔偿。

法条链接

《中华人民共和国民法典》

第六百四十二条　当事人约定出卖人保留合同标的物的所有权，在标的物所有权转移前，买受人有下列情形之一，造成出卖人损害的，除当事人另有约定外，出卖人有权取回标的物：

（一）未按照约定支付价款，经催告后在合理期限内仍未支付；

（二）未按照约定完成特定条件；

（三）将标的物出卖、出质或者作出其他不当处分。

出卖人可以与买受人协商取回标的物；协商不成的，可以参照适用担保物权的实现程序。

第六百四十三条　出卖人依据前条第一款的规定取回标的物后，买受人在双方约定或者出卖人指定的合理回赎期限内，消除出卖人取回标的物的事由的，可以请求回赎标的物。

买受人在回赎期限内没有回赎标的物，出卖人可以以合理价格将标的物出卖给第三人，出卖所得价款扣除买受人未支付的价款以及必要费用后仍有剩余的，应当返还买受人；不足部分由买受人清偿。

《最高人民法院关于审理买卖合同纠纷案件适用法律问题的解释》

第二十六条　买受人已经支付标的物总价款的百分之七十五以上，出卖人主张取回标的物的，人民法院不予支持。

在民法典第六百四十二条第一款第三项情形下，第三人依据民法典第三百一十一条的规定已经善意取得标的物所有权或者其他物权，出卖人主张取回标的物的，人民法院不予支持。

温馨提示

在卖方保留商品所有权的情况下，买方未按约定支付价款的，卖方有权收回该物品；买方对物品的损耗承担赔偿责任。

自测小题

选择：所有权保留买卖中，除非当事人之间另有约定，买受人出现以下哪些情形，造成出卖人损害的，出卖人有权取回标的物①？（　）

A. 未按照约定支付价款，经催告后在合理期限内仍未支付

B. 未按照约定完成特定条件

C. 将标的物出卖、出质或者作出其他不当处分

① 解答：ABC。

试用买卖中没有预先说明“试用费”的，买方还需要支付该费用吗？

案例实录

赵某的母亲最近一段时间身体很不适，赵某决定给其母亲买一台按摩椅。得知某品牌按摩椅推出“先试用后付费”的活动，赵某就购买了该款按摩椅。购买时，售货员称可以先试用一周，如果没有质量问题，再交付全款；如果因质量问题要求退货，无须承担任何费用。试用两天后，赵某发现按摩椅的振动频率不稳定，而且遥控器也不太好用，因此决定退货。商场得知后，要求赵某支付试用费，赵某认为，活动规则并没有说明有试用费的规定，不应该支付；商城称，赵某不买按摩椅，一周内已对商品造成了磨损，应为此承担磨损费用。那么，事先没有说明是要支付“试用费”的试用买卖，事后买方需要支付该项费用吗？

律师分析

本案中，赵某在一周的试用期内试用按摩椅时，发现了按摩椅的质量问题，因此决定退货。商城要求赵某对按摩椅造成的价值损失进行赔偿，即支付试用费，但是，活动规则并未有此规定。根据《民法典》第六百三十九条的规定，试用买卖的当事人对标的物使用费没有约定或者约定不明确的，出卖人无权请求买受人支付。本案中，商城并未对试用期间是否支付试用费用做出相关规定，所以，赵某因对按摩椅的质量不满意而决定不购买，商城没有权利向赵某索要试用费。

法条链接

《中华人民共和国民法典》

第六百三十九条 试用买卖的当事人对标的物使用费没有约定或者约定不明确的，出卖人无权请求买受人支付。

温馨提示

所谓试用买卖，是指约定买受人先行试用标的物，然后在一定期间内再决定是否购买的买卖合同。对于试用买卖是否需要支付试用费，可以由买卖双方自由协商，而如果双方对此没有约定或者约定不明的，法律认定为免费试用，出卖人无权在事后要求买受人支付试用费。

自测小题

选择：王某与某商场订立了一份试用买卖合同，试用期间，王某觉得试用商品并不符合自己的要求，可以拒绝购买吗？[1]（ ）

A. 王某可以自主决定是否购买

B. 王某已经试用了商品，不可以拒绝购买

C. 如果商场不同意，王某不能拒绝购买

货物交付前已经受损，卖方应当提前告知买方吗？

案例实录

鑫正粮油门市与宏运面粉加工厂签订了一份面粉买卖合同。双方约定，由宏运面粉加工厂供给鑫正粮油门市10吨面粉，宏运面粉

① 解答：A。

加工厂负责运输，货到验收后立即付款。就在宏运面粉加工厂备货的时候，当地突降一场暴雨，致使部分面粉淋雨受潮。但是，几天后由于鑫正粮油门市催货，宏运面粉加工厂紧急办理托运装货时，忘记了这一情况，面粉运到后，鑫正粮油门市验货时发现部分面粉质量不合格，拒绝签收。请问，货物交付前已经受损，卖方应当提前告知买方吗？

律师分析

受损面粉的经济损失应当由宏运面粉加工厂自己承担。根据《最高人民法院关于审理买卖合同纠纷案件适用法律问题的解释》第十条的规定，出卖人出卖交由承运人运输的在途标的物，在合同成立时知道或者应当知道标的物已经毁损、灭失却未告知买受人，买受人主张出卖人负担标的物毁损、灭失的风险的，人民法院应予支持。也就是说，本案中所交付的面粉在运送至买方之前淋雨受潮了，卖方应该告知买方，否则，就应该承担货物损失的风险。卖方不能将这一风险转嫁给承运方，更不可能让买方承担。

法条链接

《最高人民法院关于审理买卖合同纠纷案件适用法律问题的解释》

第十条　出卖人出卖交由承运人运输的在途标的物，在合同成立时知道或者应当知道标的物已经毁损、灭失却未告知买受人，买受人主张出卖人负担标的物毁损、灭失的风险的，人民法院应予支持。

温馨提示

基于诚实信用原则和保护交易原则，出卖人对标的的质量、数量等基本信息负有告知义务，尤其是在合同成立时，出卖人知道或者应当知道标的物已经毁损、灭失的，更应当提前告知买受人，而不能将风险转嫁给承运人或者买受人，否则将会面临不利的法律后果。

自测小题

选择：甲公司和一工厂订立了买卖合同，由于甲公司压缩了交货时间，便主动减轻了工厂对货物的瑕疵担保责任。谁料，收到货后，甲公司发现货物存在严重瑕疵，便派人与工厂交涉。之后，工厂承认货物存在瑕疵是因自己的重大过失所致，但其基于买卖合同的约定主张减轻责任。该工厂的主张是否能得到支持？[①]（ ）

A. 工厂可以基于买卖合同的约定主张减轻责任

B. 工厂未履行如实告知义务，无权主张减轻责任

C. 货物瑕疵并非由工厂故意造成，工厂无须承担责任

购物买到残次品该怎么办？

案例实录

汪女士在某超市购买了一台加湿器，回家后使用了仅半天就发生了故障，经检测才知道，原来自己买到的是一件残次品。这让汪女士心中十分不快，于是找到超市要求赔偿损失。请问，超市应当赔偿汪女士的损失吗？

律师分析

该超市应当承担损失赔偿责任。我国《民法典》第六百一十七条规定，出卖人交付的标的物不符合质量要求的，买受人可以要求其承

① 解答：B。

担违约责任。本案中，超市将一台加湿器残次品出卖给汪女士，并未告知其实际情况，仍按正常价格收取了汪女士的货款，其行为不但违反了诚信原则，也违反了《民法典》关于标的物应当符合质量要求的规定。所以，该超市应依法承担违约责任。

法条链接

《中华人民共和国民法典》

第七条　民事主体从事民事活动，应当遵循诚信原则，秉持诚实，恪守承诺。

第五百八十二条　履行不符合约定的，应当按照当事人的约定承担违约责任。对违约责任没有约定或者约定不明确，依据本法第五百一十条的规定仍不能确定的，受损害方根据标的的性质以及损失的大小，可以合理选择请求对方承担修理、重作、更换、退货、减少价款或者报酬等违约责任。

第六百一十七条　出卖人交付的标的物不符合质量要求的，买受人可以依据本法第五百八十二条至第五百八十四条的规定请求承担违约责任。

温馨提示

出卖人对其所出售的标的物负有担保标的物具有相应价值、效用、品质的瑕疵担保义务，如果出卖人提供的标的物质量不符合要求，买受人可以要求其承担合同中约定的违约责任，买卖合同没有约定违约责任或者约定不明确的，可以按照法定的违约责任进行赔偿。

自测小题

选择：甲公司与乙公司签订买卖合同，合同标的物为红富士苹

果。由于疏忽，甲公司交付的苹果存在严重损坏。就此，甲公司可以行使哪些权利?[①]（　）

A. 与乙公司协商更换货物

B. 与乙公司协商减少合同价款

C. 单方面解除买卖合同

母狗被卖后生下的小狗归买方还是卖方?

案例实录

宋某一直都非常喜欢小狗，自己在家中养了多只小狗。去年，宋某应公司要求需到南京学习半年，由于无人看管小狗，决定将它们卖掉。其中一只已经快到临产期，但宋某急于到南京，并没有对此向买方进行详细说明。半年后，宋某从南京回来，向当时的买主索要小狗，对方不同意归还。请问，母狗生下的小狗到底应该归谁所有?

律师分析

小狗应归当时的买主所有。我国法律规定，按合同或者其他合法方式取得财产的，财产所有权从财产交付时起转移。本案中，当宋某将母狗交付给买主时，其财产已经转移，对方已经取得了母狗的所有权，合同即履行完毕。另外，根据《民法典》第六百三十条的规定，标的物在交付之前产生的孳息，归出卖人所有；交付之后产生的孳息，归买受人所有。如果当事人有特别约定的，按约定办理。所以，当宋某将母狗交付给买方时，未就母狗怀孕的情况进行约定，根据上

① 解答：AB。

述法律的规定，母狗在交付给买方后生产的小狗，属于交付后产生的孳息，理应归当时的买主所有。

法条链接

《中华人民共和国民法典》

第六百三十条　标的物在交付之前产生的孳息，归出卖人所有；交付之后产生的孳息，归买受人所有。但是，当事人另有约定的除外。

温馨提示

所谓孳息，是指由原物所产生的额外收益，包括天然孳息和法定孳息，如奶牛所产下的小牛，房屋所产生的房租等。孳息应当归标的物的所有人所有，具体到买卖合同关系中，由于标的物的所有权自交付时转移，因此，标的物在交付前所产生的孳息归出卖人，即原物所有人所有，交付之后产生的孳息归买受人所有。

自测小题

选择：陈某与某农场订立保管合同，约定由农场代陈某保管母牛两头，保管期限为三个月。保管期间，其中一头母牛诞下一头小牛。这头小牛归谁所有？[1]（　）

A. 陈某

B. 某农场

C. 由于农场照顾小牛耗费了人力物力，小牛归陈某和农场共有

---

① 解答：A。

分批购进货物，其中一批有质量问题怎么办？

案例实录

万某向某标准件厂订购了500件六角螺母。合同约定，该批货物由标准件厂分三次交付，前两次均为150件，第三次为200件，每次货到验收合格后立即付款。合同生效后，标准件厂如约送来第一批、第二批货物，均没有质量问题，万某验货后也支付了价款。第三批货物送来后，万某检验后发现大量螺母不合格，因此拒绝接收货物，要求标准件厂重新供货才付款。请问，分批交付的货物，其中一批货物不合格，应该怎么办？

律师分析

交货是指在买卖合同中货物在交易双方之间的转移，即由卖方将货物转交给买方。合同双方要就交货地点、交货方式和交货时间等进行协商。在大宗货物交易中，买卖双方根据交货数量，运输条件和市场销售需要等因素，可在合同中规定分批交货条款。对于分批交货所涉及的合同责任问题，我国《民法典》第六百三十三条规定："出卖人分批交付标的物的，出卖人对其中一批标的物不交付或者交付不符合约定，致使该批标的物不能实现合同目的的，买受人可以就该批标的物解除。出卖人不交付其中一批标的物或者交付不符合约定，致使之后其他各批标的物的交付不能实现合同目的的，买受人可以就该批以及之后其他各批标的物解除。买受人如果就其中一批标的物解除，该批标的物与其他各批标的物相互依存的，可以就已经交付和未交付的各批标的物解除。"万某订购的各批标准件之间不存在互相依存关系，万某认为第三批货物有质量问题，可以就该批货物与标准件厂进行协商，也可以解除该批标准件的购买合同。

法条链接

《中华人民共和国民法典》

第六百三十三条　出卖人分批交付标的物的，出卖人对其中一批标的物不交付或者交付不符合约定，致使该批标的物不能实现合同目的的，买受人可以就该批标的物解除。

出卖人不交付其中一批标的物或者交付不符合约定，致使之后其他各批标的物的交付不能实现合同目的的，买受人可以就该批以及之后其他各批标的物解除。

买受人如果就其中一批标的物解除，该批标的物与其他各批标的物相互依存的，可以就已经交付和未交付的各批标的物解除。

温馨提示

买卖双方可以根据标的物的性质、数量等对交付方式进行约定，双方约定采取分批交付方式的，出卖人对每一批货物都应当按照合同约定的质量、时间、地点等交付；出卖人对其中一批标的物的交付不符合约定的，买受人可以就该批货物与出卖人重新协商，也可以直接解除该批标的物的买卖合同。如果因此致使之后其他各批标的物的交付均不能实现合同目的的，买受人可以就该批以及之后其他批次的标的物解除合同。如果该批标的物与之前的标的物有依存关系，买受人也可以将已经交付的标的物一并解除。

自测小题

选择：万华公司在某工厂处订购了一批材料，双方约定分批交付。第一批材料交付后，某工厂经万华公司多次催告之后均未交付第二批及剩余材料，导致万华公司无法实现合同目的。万华公司可以就

哪些材料解除合同?[1]（　）

A. 合同约定的整批材料

B. 仅某工厂未交付的第二批材料

C. 某工厂未交付的第二批材料及之后其他各批材料

赠与他人的物品未实际交付，可以反悔吗?

案例实录

几个月前，张某将收藏多年的一幅画拿出来给其儿子看，现在这幅画的市场价值很高，张某承诺在儿子30岁生日时将此物赠与儿子，并写下字据。后来，张某的儿子因做生意亏损严重，于是，趁父亲不在家将此画拿走想卖个好价钱，填补自己的损失。张某得知后，要求儿子还回此画，但其儿子称早晚都是自己的东西，还有字据为证，拒还此画。那么，张某可以要回此画吗?

律师分析

张某可以要求儿子返还此画。虽然张某与儿子立有字据，其赠与合同合法有效，但我国《民法典》第六百五十八条、第六百六十三条规定了赠与行为可以撤销的构成要件，即除具有救灾、扶贫、助残等公益、道德义务性质的赠与合同或者经过公证的赠与合同外，赠与人在赠与财产的权利转移之前可以撤销赠与。本案中，此画属于张某的私人财产，且其答应在儿子30岁生日时送给他。但儿子却违反合同约定，私自将画拿走，其行为违反了合同约定。因此，张某可以于赠与期限到来之前撤销该赠与，要求儿子返还此画。

---

① 解答：C。

法条链接

《中华人民共和国民法典》

第六百五十八条　赠与人在赠与财产的权利转移之前可以撤销赠与。

经过公证的赠与合同或者依法不得撤销的具有救灾、扶贫、助残等公益、道德义务性质的赠与合同，不适用前款规定。

第六百六十三条　受赠人有下列情形之一的，赠与人可以撤销赠与：

（一）严重侵害赠与人或者赠与人近亲属的合法权益；

（二）对赠与人有扶养义务而不履行；

（三）不履行赠与合同约定的义务。

赠与人的撤销权，自知道或者应当知道撤销事由之日起一年内行使。

温馨提示

附条件赠与在赠与目的不能实现时，法律赋予赠与人相应撤销权，以平衡单务合同中义务人之权利义务。受赠人应该履行赠与合同中约定的义务，这是其获得赠与的重要要件，如不履行合同义务，那么赠与人有权利撤销赠与。

自测小题

选择：万某在4S店购买了一辆汽车，根据买卖合同的约定，4S店应当在4月25日至30日交货。以下哪种情况，4S店构成逾期交货？[1]（　）

A. 4月29日　　B. 4月28日　　C. 5月1日

---

① 解答：C。

赠与合同签订后，赠与财产被毁坏了该怎么办？

案例实录

某网吧在筹备阶段，需要大量电脑。某企业有一批旧电脑，因配置较低一直没有转手出卖。该企业总经理认为年轻人创业艰难，决定把这些电脑送给网吧。当天晚上，天降暴雨，装电脑的小仓库被淹，旧电脑也全部损坏。赠与财产毁坏了，赠与人还要履行合同吗？

律师分析

赠与合同是指赠与人把自己的财产无偿地送给受赠人，受赠人同意接受的合同。赠与合同在当事人双方意思表示一致时即告成立，不必等待交付赠与物，即为诺成合同。根据我国《民法典》的规定，应当交付的赠与财产因赠与人故意或者重大过失致使赠与的财产毁损、灭失的，赠与人应当承担损害赔偿责任。这就意味着赠与物毁损或灭失的结果只要不是赠与人故意或者重大过失而产生的，赠与人就没有责任，赠与合同也就不再继续履行。该企业答应将旧电脑赠与网吧，网吧也没有反对，赠与合同达成。在交付电脑前，电脑因自然原因被水淹而毁坏，不是因为企业的故意或重大过失而造成的，该企业无责任，不需要继续履行该赠与合同。

法条链接

《中华人民共和国民法典》

第六百六十条　经过公证的赠与合同或者依法不得撤销的具有救灾、扶贫、助残等公益、道德义务性质的赠与合同，赠与人不交付赠与财产的，受赠人可以请求交付。

依据前款规定应当交付的赠与财产因赠与人故意或者重大过失致使毁损、灭失的，赠与人应当承担赔偿责任。

温馨提示

赠与具有无偿性，不存在接受赠与物的对待给付，为了双方利益的平衡，赠与人的注意义务也处于较低限度。但是，即便无偿地赠与他人东西，也应尽到妥善保管的责任和义务，否则也可能招致法律的惩罚。

自测小题

选择：黄某素来不喜欢亲戚方某。一日，黄某应父母的要求送给方某一辆其淘汰的小汽车。为了让方某吃点苦头，黄某隐瞒了小汽车多年未检修，部分零部件存在问题的情况。几天后，方某驾驶小汽车出游，途中因汽车刹车失灵发生车祸，方某左手骨折。请问，黄某需要承担赔偿责任吗?①（　）

A. 赠与人不负有瑕疵担保义务，黄某不应承担责任

B. 赠与人负有瑕疵担保义务，黄某应当承担责任

C. 赠与人不负有瑕疵担保义务，但黄某故意隐瞒赠与标的物存在瑕疵的事实，应当承担责任

附义务赠与中，受赠方没有履行义务怎么办?

案例实录

上个月，某村村民周某因身体不适需要到市里医院进行检查。

---

① 解答：C。

由于回来的时间不能确定，周某饲养的家禽需要人照顾，所以周某拜托邻居李某按时给家禽喂食。作为报答，周某答应送给李某一辆自行车，双方对于各自应该履行的义务作了书面约定。半个月后，周某回到家后发现，自家的家禽死了一大半，周某认为是李某疏于照顾导致家禽饿死的，故不再提赠送自行车的事情。李某称，自己已经尽职喂养，周某必须按白纸黑字履行义务。那么，周某能否拒绝赠送自行车呢？

律师分析

周某可以撤销与李某之间的赠与合同。我国《民法典》第六百六十三条规定，不履行赠与合同约定义务的，赠与人可以撤销赠与。本案中，周某答应送给李某一辆自行车时，可以要求其先履行照顾家禽的义务，而李某没有表示反对，双方所签订的赠与字据合法有效。根据我国《民法典》第六百六十一条规定，附义务的赠与要以义务履行为交付赠与财产的条件，否则赠与人可以撤销赠与或要求返还赠与财产。周某与李某达成附义务赠与合同后，如果有证据证明李某并未按合同约定替周某喂养家禽，那么，周某可以撤销与李某之间的赠与行为，也无须再赠送自行车。

法条链接

《中华人民共和国民法典》

第六百六十一条　赠与可以附义务。

赠与附义务的，受赠人应当按照约定履行义务。

第六百六十三条　受赠人有下列情形之一的，赠与人可以撤销赠与：

（一）严重侵害赠与人或者赠与人近亲属的合法权益；

（二）对赠与人有扶养义务而不履行；

（三）不履行赠与合同约定的义务。

赠与人的撤销权，自知道或者应当知道撤销事由之日起一年内行使。

温馨提示

附义务的赠与要求受赠人应该按照约定履行自己的义务，没有履行自己义务的受赠人应该受到惩罚，也没有权利接受赠与人的赠与，在与赠与初衷相悖的情况下，法定撤销权将有效救济赠与人。

自测小题

选择：方老太生前订立了一份有效遗嘱，将自己的不动产留给小女儿，动产留给继子钟某，继子钟某获得遗产的前提是将自己与丈夫（继子的生父）合葬。方老太过世后，钟某拒绝将方老太与其父亲合葬。方老太的小女儿可否向人民法院请求取消钟某获得遗产的权利?[①]（ ）

A. 钟某无正当理由拒绝履行遗嘱所附义务，方老太的小女儿可向人民法院请求取消钟某获得遗产的权利

B. 方老太已经死亡，钟某是否履行遗嘱所附义务与其无关，方老太的小女儿不可以向人民法院请求取消钟某获得遗产的权利

企业有权撤销向灾区捐赠吗?

案例实录

某地发生多年未遇的特大暴雨，暴雨导致当地出现了大范围的山

① 解答：A。

体滑坡和泥石流，道路交通、房屋等受到严重破坏。为了尽快进行灾后重建，某企业公开宣布捐赠200万元用于学校建设，尽快恢复学校授课，并与当地教育部门签订了捐赠合同。但是，该企业始终没有将承诺的资金拿出来修复学校。其负责人称，公司运营出现了问题，自身难保，没有能力出资兴建校舍。那么，企业有权撤销向灾区捐赠吗？

律师分析

从法律上说，捐赠人答应捐赠，接受捐赠人作出了接受捐赠的意思表示，就在捐赠人与接受捐赠人之间成立了合法有效的赠与合同，双方就应当按照法律及赠与合同的规定依法行使各自的权利、履行各自的义务。捐赠人不能随意解除已依法成立的合同。根据《民法典》第六百五十八条规定，具有救灾性质的赠与合同，因其性质的特殊性，赠与人一般不得撤销。该企业在灾后支持灾区重建，与灾区达成捐赠合同，依法该合同是不可以撤销的，并不能因为该公司出现经营不利的情况而放弃捐赠，而应该在经营状况好转后继续履行。如该公司不履行合同，受赠方可以要求该公司合理履行。

法条链接

《中华人民共和国民法典》

第六百五十八条　赠与人在赠与财产的权利转移之前可以撤销赠与。

经过公证的赠与合同或者依法不得撤销的具有救灾、扶贫、助残等公益、道德义务性质的赠与合同，不适用前款规定。

第六百六十条　经过公证的赠与合同或者依法不得撤销的具有救灾、扶贫、助残等公益、道德义务性质的赠与合同，赠与人不交付赠与财产的，受赠人可以请求交付。

依据前款规定应当交付的赠与财产因赠与人故意或者重大过失致使毁损、灭失的，赠与人应当承担赔偿责任。

温馨提示

具有救灾、扶贫等公益、道德义务性质的赠与合同或者经过公证的赠与合同，赠与人不能撤销赠与。具有社会公益性质的赠与是为了公共目的，是给社会造福，赠与的公益性质，决定了赠与人不得任意撤销赠与，赠与人应按照赠与合同的约定履行赠与义务。

自测小题

选择：甲公司欲赠与丙公司一批设备，用作丙公司生产经营，双方已经签订了赠与协议。在甲公司将设备交付给丙公司前，丙公司高管曝出丑闻。甲公司是否可以撤销赠与？[①]（ ）

A. 可以　　　　B. 不可以

夫妻一方有权将共同财产赠与他人吗？

案例实录

程某与段某夫妇做小本经营，两人经过努力，积累了10万元存款，并以程某的名字存入银行。后来，程某有了外遇，段某曾多次提出与其离婚，程某不同意。一次，当段某回娘家照顾母亲期间，程某将存折上的存款取出5万元赠给其情人马某。段某知道后很气愤，逼丈夫程某要回。程某认为存折是以自己的名字存的，自己有权支配该存款，与他人无关。那么，段某能否要求丈夫要回赠与他人的钱款？

---

① 解答：A。

律师分析

根据我国《民法典》的相关规定，赠与他人的财产必须是自己的财产，如果不是自己的财产而赠与他人，除非财产所有人追认，否则无效。根据该法第一千零六十二条规定，夫妻在婚姻关系存续期间所得的生产、经营、投资的收益，归夫妻共同所有；夫妻对共同所有的财产，有平等的处理权。本案中，程某与段某共同经营所积累的10万元存款，为夫妻共有财产，两人具有平等的处理权，任何一人如要处理该存款，必须征得对方的同意。程某在未征得妻子段某同意的情况下，私自将不属于自己个人的合法财产赠与他人，因此，其赠与行为无效。所以，段某可以要求丈夫要回钱款。

法条链接

《中华人民共和国民法典》

第六百五十七条　赠与合同是赠与人将自己的财产无偿给予受赠人，受赠人表示接受赠与的合同。

第一千零六十二条　夫妻在婚姻关系存续期间所得的下列财产，为夫妻的共同财产，归夫妻共同所有：

（一）工资、奖金、劳务报酬；

（二）生产、经营、投资的收益；

（三）知识产权的收益；

（四）继承或者受赠的财产，但是本法第一千零六十三条第三项规定的除外；

（五）其他应当归共同所有的财产。

夫妻对共同财产，有平等的处理权。

温馨提示

赠与作为转移财产权的合同，须以赠与人具有处分权为前提条件，法律尊重权利人的处分自由，同时禁止权利滥用。

自测小题

选择：雷某和赵某系夫妻，二人在婚后购买一套房产登记在雷某名下。上个月，雷某独自将房产以市价卖给陌生人马某，马某对该房产为雷某和赵某共同共有并不知情，并办理了所有权变更登记。赵某得知后，向人民法院主张宣告买卖合同无效，并要求马某返还房产。请问，赵某的诉请能否得到法院支持?[1]（　）

A. 雷某擅自处分夫妻共同财产，故买卖合同无效，赵某的诉请能得到法院支持

B. 雷某自由处分其个人财产，故买卖合同有效，赵某的诉请不能得到法院支持

C. 雷某擅自处分夫妻共同财产，但买卖合同有效，赵某的诉请不能得到法院支持

① 解答：C。

第六章

借款、保证、租赁与融资租赁合同

借款合同未约定还款期限，贷款人何时可以催款？

案例实录

胡某在当地的服装集贸市场开了一家童装店，生意一直很红火，于是打算扩大店面。但是，胡某手中的资金有限，如果用来扩充店面，进货资金就无法周转。就在此时，胡某的一个朋友李某称自己手头有闲置的资金，可以借款给他，于是，双方签订了一份借款合同。由于二人关系要好，借款合同也就没有严格书写，仅写明了借款数额和借款时间，并没有约定还款期限。合同签订后，虽然拿到了借款，但胡某心中很不安，不知哪一天李某就会来催款。请问，胡某应怎么办呢？

律师分析

在此种情况下，胡某可以与李某签订补充协议或随时履行还款义务。我国《民法典》第六百七十五条规定，如果借款合同中没有约定借款期限或者借款期限约定不明确，借款人可以随时返还，贷款人可以催告借款人在合理期限内返还。本案中，胡某与李某的借款过程、内容、形式等符合法律对借款程序的规定，因此其借款合同合法有效，双方应当受到合同的制约。但由于双方未就还款时间作出约定，所以，胡某可以与李某在合同中补充还款期限的条款，或者随时返还借款；李某也可以随时要求胡某在合理期限内还款。

法条链接

《中华人民共和国民法典》

第六百七十五条　借款人应当按照约定的期限返还借款。对借款期限没有约定或者约定不明确，依据本法第五百一十条的规定仍不能确定的，借款人可以随时返还；贷款人可以催告借款人在合理期限内返还。

温馨提示

一般情况下，借贷双方签订了借款合同，借款人就应当按照合同约定的还款期限返还借款。而民间借贷中，有时会出现借款合同对还款期限没有约定或者约定不明的情况，此时，双方可以就还款期限达成补充协议；如果没有签订补充协议，借款人可以随时返还借款，而贷款人也可以要求借款人随时返还借款，但应当提前给借款人确定合理的返还期限。

自测小题

选择：甲公司向其股东借款，未约定逾期利息。后甲公司逾期还款，甲公司是否需要支付逾期利息?①（　）

A. 甲公司无须支付逾期利息

B. 甲公司应按国家有关规定支付逾期利息

C. 甲公司须支付违约金，不需要支付逾期利息

① 解答：B。

签订了借款合同但未提款，也要支付相应的利息吗？

案例实录

陈某开办了一家小型标准件加工厂，由于产品质量较好，业务量不断增加。为了适应生产需要，陈某想再购进一台加工机器，但是，陈某目前资金有限，于是向当地一家商业银行提出了贷款请求。银行依法对陈某的财产状况进行了审查，同意了陈某的贷款申请，双方签订了借款合同。后来，陈某由于母亲生病，一直没有时间去银行提取借款。直到两个月后，陈某办完了母亲的丧事才去银行提款。银行工作人员告诉陈某这两个月的利息要一并归还。陈某认为自己并未提款，根本没有使用该贷款，为什么要向银行支付利息呢？

律师分析

陈某应当按照借款合同约定的提取借款日期向银行支付贷款利息。按照我国《民法典》第六百七十一条的规定，借款人应按照约定的日期、数额收取借款，并按照约定的日期、数额支付利息。借款人支付利息应当从约定的提款日期开始计算，并不是从借款人实际提取款项的日期开始计算。因此，本案中虽然陈某未按约定去提取款项，但仍然应按约定支付利息。

法条链接

《中华人民共和国民法典》

第六百七十一条　贷款人未按照约定的日期、数额提供借款，造成借款人损失的，应当赔偿损失。

借款人未按照约定的日期、数额收取借款的，应当按照约定的日期、数额支付利息。

温馨提示

法律尊重交易主体意思表示的自由，但是，一旦双方签订了合同，就应当按照合同约定的内容履行合同。在借贷合同关系中，贷款人应按约提供贷款，否则就是违约，需要承担赔偿责任；而借款人也应按约提取贷款，否则也属于违约，贷款的利息应当从合同生效时开始计算。

自测小题

选择：小河找小江借钱。双方约好：小江于6月1日通过银行转账的方式将借款转到小河的工商银行账户。下列说法正确的是?[①]（　）

A. 小河是借款人，小江是贷款人

B. 如果小江于6月2日支付借款，则其构成违约

C. 如果小江将借款支付到了小河的中国银行账户，则其构成违约

借款人能随意改变借款用途吗?

案例实录

马某是某市一知名房地产集团的老总，为了扩大规模，他向银行申请了抵押贷款。银行经过相关审查后，很快与马某签订了借款合同。合同约定借款金额为300万元人民币，借款期限为两年，利息以银行同期贷款利率计算，合同中还注明该笔贷款只能用于复兴小区建设。后来，马某又看中了一块地皮，认为在那儿建造别墅区非常有利可图，于是，马某想将建设复兴小区的贷款用来建造别墅。请问：马某可以将建设复兴小区的钱投资到建造别墅区上吗?

---

① 解答：ABC。

律师分析

借款用途是借款合同最重要的内容之一，直接关系到借款人是否能按期偿还，如果借款人擅自变更借款用途，这无疑会增加贷款人的借款风险。因此，我国《民法典》第六百七十三条明确规定，借款人应按合同约定的用途使用借款。具体到本案中，马某只能将贷款用于复兴小区的建设，即使建造别墅的利润再高，马某也不能擅自变更借款用途，以免给自己造成不必要的麻烦。

法条链接

《中华人民共和国民法典》

第六百七十三条　借款人未按照约定的借款用途使用借款的，贷款人可以停止发放借款、提前收回借款或者解除合同。

温馨提示

借款用途关系到借款人能否按期归还借款，也是贷款人同意借款的前提，因此，借款人一旦擅自更改借款用途，也就改变了借款合同的内容，增加了贷款人的借款风险，因此，法律规定面临此种情况时，贷款人可以通过停止发放借款、提前收回借款甚至与借款人解除借款合同等方式维护自己的合法权益。当然，借款用途的特定仅是一种对使用权的限制，并不影响借款人对所借钱款的所有权。

自测小题

选择：关于贷款人的监督权，下列说法正确的是?[①]（　）

A. 贷款人有权就借款人对借款的使用情况进行监督

① 解答：AC。

B. 贷款人无权就借款人对借款的使用情况进行监督

C. 贷款人有权要求借款人根据合同约定的用途使用借款

个人借贷未约定利息，贷款人可以索要利息吗？

案例实录

霍某因生病住院，向邻居王某借款5万元，双方签订了一份借款协议，协议写明：霍某因看病向王某借款人民币5万元整，借款期限1年，期满立即返还。一年后，霍某拿出5万元还给王某，王某却要求霍某连同利息一并返还。霍某很不解，借款合同中没有约定利息，自己还需要向王某支付利息吗？

律师分析

我国《民法典》第六百八十条规定，自然人之间的借款合同对支付利息没有约定或者约定不明确的，视为没有利息。本案中，霍某按照约定按期偿还欠款，履行了自己的义务，而王某要求其支付利息，因其事先并未约定，所以得不到法律的支持。

法条链接

《中华人民共和国民法典》

第六百八十条　禁止高利放贷，借款的利率不得违反国家有关规定。

借款合同对支付利息没有约定的，视为没有利息。

借款合同对支付利息约定不明确，当事人不能达成补充协议的，按照当地或者当事人的交易方式、交易习惯、市场利率等因素确定利息；自然人之间借款的，视为没有利息。

温馨提示

自然人之间借贷具有一定的基础关系，多为亲友之间、邻里之间等熟人借贷，以无息借贷形式居多，因此，立法者确立借款利息问题时采取了尊重这一基础关系的立法态度，即自然人之间借款合同对利息的约定，不得违反国家有关限制借款利率的规定；当事人对借款利息没有约定或者约定不明确的，视为无息借款。

自测小题

选择：甲公司与乙公司之间依法成立借款合同关系，但借款合同中，未对利息进行明确约定，仅约定“乙公司应按甲公司的要求按期支付利息”，关于该案所涉的利息问题，下列说法正确的是?①（　）

A. 借款合同未就利息进行约定，乙公司不必支付利息

B. 借款合同对支付利息约定不明确，双方应就此另行达成补充协议

C. 必要时，可按照当地或者当事人的交易方式、交易习惯、市场利率等因素确定利息

借款利息可以直接从本金中扣除吗?

案例实录

张某准备建立一个水产养殖基地，但是一直苦于没有资金来源。朋友朱某听说后，非常支持张某的想法，还说愿意借款50万元给张某。双方达成了借款协议，就在准备签订合同时，朱某提出自己虽然借款50万元给张某，但是为了确保自己的利益，要求先从本金中扣除贷款利息。请问，朱某的做法有法律依据吗?

---

① 解答：BC。

律师分析

朱某无权预先扣除借给张某的借款利息。我国《民法典》第六百七十条明确规定，借款的利息不得预先在本金中扣除。利息预先在本金中扣除的，应当按照实际借款数额返还借款并计算利息。由此可知，作为贷款人的朱某应按合同约定向张某支付其借款的总额，而不能预先扣除借款总额所产生的利息，否则就会使张某的借款本金无形中减少，使其预期的经济收益受到影响。

法条链接

《中华人民共和国民法典》

第六百七十条　借款的利息不得预先在本金中扣除。利息预先在本金中扣除的，应当按照实际借款数额返还借款并计算利息。

温馨提示

现实生活中，一些自然人贷款人在贷款给他人时非常担心借贷的风险，为了确保能够收回本金和利息，经常会有提前扣除利息的做法，但是，这种“砍头息”的行为严重损害了借款人的财产权益，为法律所禁止。贷款人在本金中预先扣除利息的，借款人可以要求按实际收到的借款数额返还借款并计算利息。

自测小题

选择：陈某在信贷公司贷款 100 万元，信贷公司称，为了防止陈某逾期还款，预先在借款中扣除 10 万元作为履约保证金，故仅向陈某支付 90 万元借款。请问，该案的贷款数额为多少元?[①]（　）

A. 100 万元　　　　B. 90 万元

① 解答：B。

借款合同未约定保证方式，只有保证人的签字，保证人需要承担责任吗?

案例实录

孙某以个人名义向董某借了4万元钱，约定3个月后归还，并签订了借款合同。签订借款合同时，孙某还找来了陆某作为自己的保证人，并让陆某在借款合同上签了字，但借款合同中并未约定保证方式。3个月过后，董某一直未收到孙某的还款，董某找孙某索要无果后便找到陆某，要求陆某替孙某偿还欠款。陆某拒绝，并称其咨询过律师，自己承担的只是一般保证责任，只有在孙某被法院强制履行仍不能还款时，自己才承担还款的责任。请问，陆某的说法正确吗?

律师分析

陆某的说法是正确的。根据我国《民法典》第六百八十六条的规定，当事人在保证合同中对保证方式没有约定或者约定不明确的，按照一般保证承担保证责任。也就是说，如果在借款合同中没有明确约定保证人承担保证责任的方式的，保证人只承担一般保证责任。而按照《民法典》第六百八十七条的规定，一般保证的保证人只有在债务人经法院审判或者仲裁，并强制执行履行还款义务后，仍不能履行债务时，才承担还款责任。

在本案中，陆某只在借款合同上签字，没有约定保证责任的承担方式，按照法律规定，其只承担一般保证责任。除了有法定例外情形出现以外，陆某在主合同纠纷未经审判或者仲裁，并就孙某的财产依法强制执行仍不能履行债务前，有权拒绝向董某承担保证责任。

法条链接

《中华人民共和国民法典》

第六百八十六条　保证的方式包括一般保证和连带责任保证。

当事人在保证合同中对保证方式没有约定或者约定不明确的，按照一般保证承担保证责任。

第六百八十七条　当事人在保证合同中约定，债务人不能履行债务时，由保证人承担保证责任的，为一般保证。

一般保证的保证人在主合同纠纷未经审判或者仲裁，并就债务人财产依法强制执行仍不能履行债务前，有权拒绝向债权人承担保证责任，但是有下列情形之一的除外：

（一）债务人下落不明，且无财产可供执行；

（二）人民法院已经受理债务人破产案件；

（三）债权人有证据证明债务人的财产不足以履行全部债务或者丧失履行债务能力；

（四）保证人书面表示放弃本款规定的权利。

温馨提示

保证人作为保证债务人履行合同的“中间人”，一定要明确好自己的“责任”，不能随意地在保证合同上签字，要明确自己承担的是一般保证责任，还是连带保证责任。当然，对于没有表明是什么责任的情况下，法律为了保护保证人，按一般保证责任对待。

自测小题

一般保证责任的保证人，在下列哪些情形下应该承担保证责任？（　）[1]

① 解答：AB。

A. 债务人跑路后杳无音讯，家徒四壁

B. 债务人因事故成为植物人

C. 债务人因给自己儿子买房子而倾尽所有积蓄

D. 以上都不是

一份债务，两人担保，保证责任如何承担？

案例实录

去年年初，田某向张某借款10万元用于买车。当时，双方签订了借款合同，合同约定借款期限为1年。此外，田某还找朋友方某、李某作为此次借款的担保人，并都在借款合同上签了字。很快1年的期限已到，张某找到田某索要欠款，田某却表示自己无力偿还。无奈之下，张某只好找到方某与李某两人，要求二人替田某偿还欠款。可由于担保人是两个人，张某不知道担保责任应怎样承担？

律师分析

我国《民法典》第六百九十九条明确规定："同一债务有两个以上保证人的，保证人应当按照保证合同约定的保证份额，承担保证责任；没有约定保证份额的，债权人可以请求任何一个保证人在其保证范围内承担保证责任。"换言之，如果保证合同中没有约定保证份额，债权人可以选择任一保证人向其主张承担保证责任。

在本案中，方某与李某在借款合同上作为保证人签字，并且约定为田某的10万元借款承担保证责任，当田某无力偿还借款时，张某可以要求方某、李某共同承担保证责任，也可以选择其中一人承担保证责任。当然，方某、李某承担保证责任后，有权就自己承担的保证责任份额向田某追偿。

法条链接

《中华人民共和国民法典》

第六百九十九条　同一债务有两个以上保证人的，保证人应当按照保证合同约定的保证份额，承担保证责任；没有约定保证份额的，债权人可以请求任何一个保证人在其保证范围内承担保证责任。

第七百条　保证人承担保证责任后，除当事人另有约定外，有权在其承担保证责任的范围内向债务人追偿，享有债权人对债务人的权利，但是不得损害债权人的利益。

温馨提示

当一份债务存在两个或两个以上保证人时，各方当事人应当明确约定好保证人的保证份额，以免万一以后发生需要保证人承担责任的情形时，产生不必要的麻烦和纠纷。

自测小题

选择：甲乙丙丁共同为某债务做担保人，并约定保证份额各占四分之一，那么，当保证责任发生时，债权人可以向(　　)[1]要求承担保证责任。

A. 甲　　　　B. 乙

C. 丙　　　　D. 丁

① 解答：ABCD。

租赁合同到期，租赁物品损坏，谁来承担责任？

案例实录

程某为自己居住，租了王某一套简装带家电的一居室，约定租期是半年，2000 元押金到期后退还。程某在租住期间，与房主王某一直相安无事。合同到期时，王某却拒绝退还程某的押金，称程某在租赁期间损坏了房屋里的洗衣机，而且还造成墙面和地面的损坏，押金不退，用作赔偿程某给房屋造成的损失。可程某不同意，说洗衣机坏了是事实，可自己租房时就是坏的；至于墙面和地面的损坏，虽然有一些，但不太明显，而且这也是使用过程中的正常磨损，所以不同意赔偿。那么，租赁物品的损坏到底该由谁来承担赔偿？

律师分析

租赁合同中，承租人应当合理使用租赁物。我国《民法典》对租赁物损坏的责任进行了详细规定。一般而言，承租人应当按照约定的方法使用租赁物。如果对租赁物的使用方法没有约定或者约定不明确，依照该法第五百一十条的规定仍不能确定的，应当根据租赁物的性质使用。承租人按照约定的方法或者根据租赁物的性质使用租赁物，致使租赁物受到损耗的，不承担损害赔偿责任。但是，承租人未按照约定的方法或者未根据租赁物的性质使用租赁物，致使租赁物受到损失的，出租人可以解除合同并要求赔偿损失。程某租用王某的房子，如果程某能够证明自己是按约定使用租赁物的，则无须承担责任，如果不能证明，则应赔偿损失。

法条链接

《中华人民共和国民法典》

第七百零九条　承租人应当按照约定的方法使用租赁物。对租赁物的使用方法没有约定或者约定不明确，依据本法第五百一十条的规定仍不能确定的，应当根据租赁物的性质使用。

第七百一十条　承租人按照约定的方法或者根据租赁物的性质使用租赁物，致使租赁物受到损耗的，不承担赔偿责任。

第七百一十一条　承租人未按照约定的方法或者未根据租赁物的性质使用租赁物，致使租赁物受到损失的，出租人可以解除合同并请求赔偿损失。

温馨提示

明确物品的损坏和缺陷不仅是承租人要注意的，出租人也同样要注意，因为屋内物品给承租人或其他人造成损害时也涉及承租人的责任问题。如果出租物或附属物有什么缺陷，出租人能修复的要及时修复，不能修复或不必修复的，也应该尽必要的提示义务。租赁关系结束时，承租人把房屋返还给出租人，应该依照当初的清单核对相关物品，确认无误后由双方签字确认。

自测小题

选择：未经房东同意，可以对房屋进行装修吗?①（　）

A. 可以

B. 不可以

① 解答：B。

租来的房屋应由谁履行维修业务?

案例实录

甲公司租用乙公司的门面房两间，双方签订了一份租期为 3 年的房屋租赁合同。合同约定甲公司按约定使用房屋，按年支付租金。合同签订后，甲公司支付了 1 年的租金。因门面房以前的装修较差，墙和地面都不能使用，甲公司要求乙公司修理，乙公司认为是甲公司在使用应当由甲公司修理。甲公司于是歇业两天请人维修，并为此支付了修理费 5000 元。请问，应当由谁来支付 5000 元的修理费?

律师分析

房屋在多年的使用中总会有一定的自然磨损，相关的所有人、使用人都应当对其合理维修，使其符合正常的使用功能。根据我国《民法典》第七百一十二条的规定，出租人应当履行租赁物的维修义务，但是当事人另有约定的除外。这意味着出租房屋原则上由出租人履行维修义务，如果合同当事人在合同中另有约定的，由被约定维修的一方维修。如果合同双方互相推脱，根据该法第七百一十三条的规定，承租人在租赁物需要维修时可以请求出租人在合理期限内维修。出租人未履行维修义务的，承租人可以自行维修，维修费用由出租人负担。因维修租赁物影响承租人使用的，应当相应减少租金或者延长租期。甲公司要求乙公司对其承租的两间门面房进行合理维修，被对方拒绝后歇业两天自行请人维修，其可以依法要求乙公司支付维修费用 5000 元，并对歇业两天的经济损失进行赔偿。

法条链接

《中华人民共和国民法典》

第七百一十二条　出租人应当履行租赁物的维修义务，但是当事人另有约定的除外。

第七百一十三条　承租人在租赁物需要维修时可以请求出租人在合理期限内维修。出租人未履行维修义务的，承租人可以自行维修，维修费用由出租人负担。因维修租赁物影响承租人使用的，应当相应减少租金或者延长租期。

因承租人的过错致使租赁物需要维修的，出租人不承担前款规定的维修义务。

温馨提示

出租人不履行维修义务构成债务的不履行，为避免承租人遭受的损失继续扩大，法律赋予承租人自行维修及追索损害赔偿的权利。

自测小题

选择：吴某承租了一间门面房，租期 5 年。根据合同约定，吴某的租赁用途是销售小商品。2 年后，吴某未经房东同意，自行改装门面，用来经营餐饮。房东得知后，认为吴某违约，要求解除合同，同时由吴某赔偿其损失。吴某认为，自己作为承租人，可以对租赁物进行改装。请问，谁的说法正确？[①]（　）

A. 房东的说法正确，吴某未按合同约定使用租赁物，房东有权要求解除合同并赔偿损失

---

① 解答：A。

B. 吴某的说法正确，承租人有权在法律范围内对租赁物进行占有、使用、收益

租赁期限届满，出租人不反对承租人继续居住，原租赁合同还有效吗？

案例实录

甲于2019年1月租住公民乙住房一套，双方约定租期为一年。半年后，乙因工作原因需出国一段时间。2020年1月底，双方的租赁合同到期，而乙并未对此作任何表示。乙于3月底回国，以双方的租赁合同到期为由要求甲立即退房。而甲则认为双方的租赁合同应继续有效，自己仍可以继续使用该房屋。那么，双方原来签订的租赁合同还有效吗？

律师分析

双方的原租赁合同继续有效。根据我国《民法典》第七百三十四条规定，租赁期限届满，承租人继续使用租赁物，出租人没有提出异议的，原租赁合同继续有效，但是租赁期限改为不定期。双方可以随时提出解除合同，出租人要解除合同的，需要在合理期限之前通知承租人。具体到本案中，乙与甲的租赁期限虽然在其回国时已经届满，但由于其在双方约定的租赁期限届满时未对是否继续出租房屋作出任何表示，在甲后来继续租住在该房屋时也未提出异议，所以应依法认定为原租赁合同继续有效，只不过双方的租赁期限为不定期。如果乙要解除合同，须在合理期限之前通知甲，而不能要求其立即搬出。

法条链接

《中华人民共和国民法典》

第七百三十四条　租赁期限届满，承租人继续使用租赁物，出租人没有提出异议的，原租赁合同继续有效，但是租赁期限为不定期。

租赁期限届满，房屋承租人享有以同等条件优先承租的权利。

温馨提示

根据是否规定有租赁期限，租赁可分为定期租赁和不定期租赁。在不定期租赁中，当事人在合同中未约定租赁期限，因此任何一方当事人均可以随时解除合同。而定期租赁合同的当事人在合同中约定了租赁期限，租赁期间届满即告终止，但是当事人可以续订合同。当事人续订合同有两种方式，约定更新和法定更新。约定更新是指合同当事人于租赁期限届满后另订一合同，约定延长租赁期限。法定更新是指租赁期间届满后，合同当事人的行为表明其租赁关系继续存在。

自测小题

选择：甲公司承租了一间厂房作为仓库使用，租赁合同中没有约定租赁期限。关于租赁期限的确定，下列说法正确的是?[1]（　）

A. 可另行就租赁期限订立补充协议

B. 必要时，可按照合同相关条款或者交易习惯确定

C. 若无法确定租赁期限，应视为不定期租赁

---

① 解答：ABC。

房屋的承租权也可以“继承”吗?

案例实录

段某于4年前与彭某签订了一份租期为5年的房屋租赁合同。合同约定，彭某将自己的一套一居室租给段某一家三口居住。上周，段某因疾病去世。彭某遂要求段某的家人于1个月内搬走。段某的家人认为虽然段某去世，但双方签订的租赁合同并未到期，作为段某的家人有权继续租赁该房屋。段某家人的说法成立吗?

律师分析

段某家人的说法成立，他们有权继续租赁该房屋。我国《民法典》第七百三十二条规定，承租人在房屋租赁期限内死亡的，与其生前共同居住的人或者共同经营人可以按照原租赁合同租赁该房屋。本案中，虽然彭某死亡，但双方签订的租赁合同并未到期，作为其生前一起居住的家人，有权继续租住在该房屋内，直至租赁合同到期。

法条链接

《中华人民共和国民法典》

第七百三十二条　承租人在房屋租赁期限内死亡的，与其生前共同居住的人或者共同经营人可以按照原租赁合同租赁该房屋。

温馨提示

根据法律规定，承租人在房屋租赁期限内死亡的，与其生前共同居住的人可以按照原租赁合同租赁该房屋。也就是说，只有与承租人生前共同居住的人有权要求继续履行租赁合同。但是，如果主张权利的人在承租人去世时已迁居别处，就不能作为“与承租人生前共同居住的人”来主张权利。

自测小题

选择：邵某是钟某的继承人。钟某在自己租住的房屋内死亡后，邵某是否可以搬到该出租屋内继续居住？[1]（　）

A. 可以　　　　　　　　B. 不可以

公司可以买下承租的房屋吗?

案例实录

甲公司租用乙的三间平房，作为其员工宿舍，双方约定租期为5年。租用期间，乙全家迁居北京，欲将3间平房卖掉，并通知了承租人甲公司。甲公司早就想买下此平房，但是乙的一邻居丙也想购买此平房，双方都出价30万元。乙与丙签订房屋买卖合同后，通知甲公司撤人。甲公司以自己是承租人为由，称自己应当有优先购买权。甲公司的主张能得到法律的支持吗？

律师分析

优先购买权是法律赋予特定对象的先于其他权利人主张自己财产权利的权利。根据我国《民法典》的规定，出租人出卖租赁房屋的，应当在出卖之前的合理期限内通知承租人，承租人享有以同等条件优先购买的权利。说明在出租人出售房屋时，在同等条件下承租人享有优先购买权。承租人要行使优先购买权须符合几个条件：（1）出租人要出卖租赁房屋；（2）出卖行为须发生于租赁期间；（3）承租人可以满足出租人与第三人所订买卖合同的条件；（4）承租人享有该权利的时间是在出租人所确定的合理期限内。一般认为，出租人应该提前通

---

① 解答：B。

知承租人，在同等条件下承租人享有优先购买权。乙欲将出租给甲公司的3间平房卖掉，也通知了承租人甲公司。甲公司与丙都出价30万元。依法乙应当将这3间平房卖给承租人甲公司。乙妨害甲行使优先购买权的，甲可以请求乙承担赔偿责任。但是，乙与丙订立的房屋买卖合同的效力不受影响。

法条链接

《中华人民共和国民法典》

第七百二十六条　出租人出卖租赁房屋的，应当在出卖之前的合理期限内通知承租人，承租人享有以同等条件优先购买的权利；但是，房屋按份共有人行使优先购买权或者出租人将房屋出卖给近亲属的除外。

出租人履行通知义务后，承租人在十五日内未明确表示购买的，视为承租人放弃优先购买权。

第七百二十八条　出租人未通知承租人或者有其他妨害承租人行使优先购买权情形的，承租人可以请求出租人承担赔偿责任。但是，出租人与第三人订立的房屋买卖合同的效力不受影响。

温馨提示

房屋优先购买权是法定民事权利，是由法律直接创设而能够对抗第三人的民事权利，对于出租人来说，承租人的优先购买权其实是对出租人的所有权行使的一种限制。承租人只要在同等条件下行使优先购买权，出租人就不得将房屋卖给第三人。

自测小题

选择：甲公司自乙公司处承租一套房屋，租赁期限为3年。租赁期限届满前半年，乙公司擅自将房屋出售给丙公司，导致甲公司未能

行使优先购买权。下列说法正确的是?[①]（　）

A. 乙公司与丙公司的买卖合同无效，甲公司有权主张撤销

B. 乙公司与丙公司的买卖合同有效，甲公司无权主张撤销

C. 甲公司有权要求乙公司承担赔偿责任

融资租赁合同生效后，出卖公司一直不交付租赁物，怎么办?

案例实录

某建筑工程公司急需挖通一段隧道，需要盾构机一台，但其价格昂贵，自己又不常用，建筑工程公司遂决定从某建筑设备出租公司租用。后经沟通两公司就设备的具体条件达成一致，在此情况下，某建筑设备出租公司与盾构机生产厂签订了购买合同。但是，盾构机生产厂一直没有交付盾构机，致使建筑工程公司的工程一拖再拖。最后建筑工程公司要求建筑设备出租公司交付合同中的建筑设备。那么，建筑工程公司可以要求盾构机生产厂交付建筑设备吗?

律师分析

融资租赁合同是指出租人根据承租人对租赁物件的特定要求和对供货人的选择，出资向供货人购买租赁物，并租给承租人使用，承租人则分期向出租人支付租金，在租赁期限内租赁物的所有权属于出租人所有，承租人拥有租赁物的使用权。融资租赁区别于传统租赁的是：传统租赁以承租人租赁使用物的时间计算租金，而融资租赁以承租人占用融资成本的时间计算租金。建筑工程公司急需盾构机一台，但其价格昂贵，由建筑设备出租公司购买后从其处租用，属于

① 解答：BC。

融资租赁。合同签订后，出售建筑设备的公司一直没有交付标的物，此时承租方建筑工程公司可以要求建筑设备出租公司交付标的物，同时它有与建筑设备出租公司同样的权利，可以直接要求盾构机生产厂交付标的物。

法条链接

《中华人民共和国民法典》

第七百三十五条　融资租赁合同是出租人根据承租人对出卖人、租赁物的选择，向出卖人购买租赁物，提供给承租人使用，承租人支付租金的合同。

第七百三十九条　出租人根据承租人对出卖人、租赁物的选择订立的买卖合同，出卖人应当按照约定向承租人交付标的物，承租人享有与受领标的物有关的买受人的权利。

温馨提示

承租人有权要求出卖人直接向其交付标的物，出卖人不得拒绝。基于合同的相对性原则，相关的买卖合同中，出卖人只向买受人即融资租赁合同中的出租人承担交付标的物的义务。但由于融资租赁合同和相关的买卖合同具有同一的标的物，且出租人按承租人的要求购买租赁物是以供给承租人使用为目的的，出租人往往缺乏对租赁物进行判断检查的能力；相比之下，承租人对租赁物则有着比较专业的了解，由其对租赁物进行检验受领，更有利于确保承租人利益。因此，我国《民法典》规定出卖人应按照约定向承租人交付标的物，这是出租人向承租人转让其作为买受人所享有的交付标的物请求权的结果。

自测小题

选择：出现以下哪些情形，承租人可以拒绝受领出卖人向其交付

的标的物?[1]（　）

A. 标的物严重不符合约定

B. 未按照约定交付标的物，经承租人或者出租人催告后在合理期限内仍未交付

C. 出租人未取得相关行政许可

融资租赁合同期限届满，租赁物应该归谁？

案例实录

某公司从融资租赁公司租用机床一台，并缴纳了比普通租赁高的租金。租赁合同结束，融资租赁公司没有及时收取机床，该公司认为机床的所有权归自己，拒绝融资租赁公司收取机床。该公司的做法对吗？

律师分析

融资租赁为租赁物的使用人提供方便，但出租人自身要冒很大的风险。在市场经济环境下，不论是融资租赁、贷款还是投资，只要把资金用于添置设备或进行技术改造，首先应当考虑用租赁设备生产的产品的市场风险，这就需要了解产品的销路、市场占有率和占有能力、产品市场的发展趋势、消费结构以及消费者的心理和消费能力。若对这些因素了解得不充分，调查得不细致，就有可能承受很大的市场风险。对于出租人来说，最大的风险是承租人的还租能力，它直接影响租赁公司的经营和生存，因此，对还租的风险从立项开始，就应该备受关注。出租人冒各种风险进行融资租赁的目的就是赢利。我国

---

① 解答：AB。

《民法典》第七百五十七条规定："出租人和承租人可以约定租赁期限届满租赁物的归属；对租赁物的归属没有约定或者约定不明确，依据本法第五百一十条的规定仍不能确定的，租赁物的所有权归出租人。"该公司与融资租赁公司租用机床合同到期后，融资租赁公司没有及时收取机床，但在双方没有约定的前提下，机床的所有权人是融资租赁公司，该公司不能主张机床的所有权人是自己。

法条链接

《中华人民共和国民法典》

第七百五十七条　出租人和承租人可以约定租赁期限届满租赁物的归属；对租赁物的归属没有约定或者约定不明确，依据本法第五百一十条的规定仍不能确定的，租赁物的所有权归出租人。

温馨提示

融资租赁合同是移转标的物的使用权的合同。在融资租赁期限内，出租人享有租赁物的所有权。租赁物的占有权、使用权和部分的收益权则移转给承租人。即在出租人对租赁物所享有的所有权之上设定了限制。基于所有权的弹力性原则，在融资租赁合同期限届满之日，所有权的限制也归于消灭，出租人享有的所有权又恢复圆满状态。当事人可以在合同中约定租赁期满时租赁物的归属。

自测小题

填空：融资租赁合同当事人约定租赁期限届满后租赁物归出租人所有，后租赁物发生毁损，导致租赁物的价值贬损，承租人也无法返还。此时，出租人有权要求承租人给予合理______。[1]

---

① 解答：补偿。

第七章

运输与承揽合同

承运人绕行导致货物变质，谁来负责？

案例实录

某公司有100箱葡萄，与某运输公司签订了货运合同，合同约定运输公司在2日内按照通常路线，将葡萄运到指定地点，运费1000元，运到时结算。运输公司的货运人员将葡萄装车拉走后，中途到另一地装运货物，走了不少冤枉路，致使某公司的葡萄送达目的地的时间比约定的晚了一天，部分葡萄已经变质不能食用。运输公司可以以双方没有约定具体路线为由拒绝赔偿吗？

律师分析

运输合同是承运人将旅客或货物运到约定地点，旅客、托运人或收货人支付票款或运费的合同。承运人在签订合同后，应当本着合同目的，将货物或旅客安全运送到目的地。我国《民法典》第八百一十二条规定，承运人应当按照约定的或者通常的运输路线将旅客、货物运输到约定地点。即承运人按合同约定的路线运送旅客或货物，如双方没有约定路线，则应当按通常的路线进行运输。本案中该公司与运输公司达成葡萄运输合同，双方没有约定具体路线，但约定运输公司须按通常路线将葡萄送到目的地。运输公司在运输过程中没有走通常路线，而是自行绕路去另一地装运货物，致使葡萄到达时比约定时间晚了一天，部分葡萄已经变质不能食用，运输公司已经违反了合同约定，是一种违约行为。因此，运输公司应该对变质的葡萄承担赔偿责任。

法条链接

《中华人民共和国民法典》

第八百一十二条　承运人应当按照约定的或者通常的运输路线将旅客、货物运输到约定地点。

第八百三十二条　承运人对运输过程中货物的毁损、灭失承担赔偿责任。但是，承运人证明货物的毁损、灭失是因不可抗力、货物本身的自然性质或者合理损耗以及托运人、收货人的过错造成的，不承担赔偿责任。

自测小题

选择：甲公司委托丁公司承运一批货物，付款时间为丁公司将货物运送至指定地点后3日内。结算时，甲公司发现运费比以往多了几千元，经查证，确认是丁公司未按照约定路线运输。对于增加的运输费用，甲公司是否有权拒绝支付?① (　)

A. 甲公司有权拒绝支付　　　　B. 甲公司无权拒绝支付

托运人不交运费，承运人可以留置物品吗?

案例实录

某电脑公司与运输公司签订合同，约定运输公司为其运送100台电脑，电脑公司收到货物后支付运输费3000元。运输公司将100台电

① 解答：A。

脑装车后，按合同约定运送至电脑公司。电脑公司无钱支付运输费，运输公司遂留置全部电脑。运输公司可以依此留置全部电脑吗？

律师分析

留置是指债权人在债务人不履行债务的情况下，可以留置其所占有的并且与债权的发生有牵连关系的动产，并可以就该动产优先受偿。留置可因定作合同、运输合同等产生。我国《民法典》第八百三十六条规定，托运人或者收货人不支付运费、保管费以及其他运输费用的，承运人对相应的运输货物享有留置权，但是当事人另有约定的除外。电脑公司没有交运输费，运输公司可以依法留置其电脑。该法还规定，留置的财产为可分物的，留置物的价值应当相当于债务的金额。运输公司为电脑公司所运送的电脑是一台台独立存在的，是可分物，运输公司为确保自己的3000元债权得以实现，依法可以留置相当于其运费3000元的电脑，而不应将全部电脑留置。

法条链接

《中华人民共和国民法典》

第四百五十条　留置财产为可分物的，留置财产的价值应当相当于债务的金额。

第八百三十六条　托运人或者收货人不支付运费、保管费或者其他费用的，承运人对相应的运输货物享有留置权，但是当事人另有约定的除外。

温馨提示

留置作为担保形式之一，其目的是保障债权人的债权能够最终实现，而非惩罚性措施，因此权利人留置权的行使应以债权范围及不侵犯他人合法权益为必要限度。

自测小题

选择：尚某和陈某是朋友关系，分别委托林某运输一批货物到同一地点，经协商，三方均同意林某同时运输尚某和陈某的货物。货物运送到指定地点后，陈某拒绝支付运费，林某遂将整车货物留置。下列说法正确的有?①（　）

A. 林某在依法行使留置权，并无不当

B. 林某仅有权对陈某行使留置权，不得留置尚某的货物

C. 林某只能通过诉讼的方式保障自己的权益

承运人未及时将突发疾病的乘客送医，要承担责任吗?

案例实录

周末，吴某陪同母亲乘坐长途客车回家探亲。途中，吴某的母亲突发疾病，吴某要求司机就近送母亲看病，但是，司机却说客运公司不允许司机擅自改变路线，直到客车进站，才将吴某的母亲送往附近的医院。但是，吴某的母亲因错失最佳治疗时机而死亡，吴某要求客运公司承担责任，客运公司称吴某的母亲是突发疾病而死亡，属于乘客自身健康状况出现问题而导致的死亡，因此自己不应承担责任。请问，客运公司的说法成立吗?

律师分析

根据我国《民法典》第八百二十二条的规定，承运人在运输过程中对患有急病、分娩、遇险的旅客有救助义务。本案中，当吴某的母亲突发急病时，客车司机应当将其紧急送往附近的医院救治，或者采

① 解答：B。

取其他救助措施。但客车司机没有履行法定义务，没有采取任何有效措施，继续前行，从而延误了病人的最佳治疗时机并最终导致其死亡，对此，客运公司应当承担赔偿责任。

法条链接

《中华人民共和国民法典》

第八百二十二条　承运人在运输过程中，应当尽力救助患有急病、分娩、遇险的旅客。

温馨提示

对有困难人群积极救助，不仅是一种美德，其实也是贯穿法律的法理精神。尤其在运输过程中，承运人具有对乘客救助最便利的运送条件，因此，法律规定承运人在运输过程中应当承担一定的施救义务。但是，“法不强人所难”，承运人也非医疗救护人员，其自身也存在一定的施救限制，因此，法律要求承运人在运输过程中，应当尽力救助患有急病、分娩、遇险的旅客，将其紧急送往附近的医院或者采取其他救助措施。

自测小题

选择：张某带着2岁的婴儿乘坐公交车，其间，公交车发生交通事故，张某和婴儿均遭受不同程度的伤害。张某找公交公司索赔，对方称：婴儿系免票乘车，公司无须对其遭受的损害承担赔偿责任。该公司说法是否正确?[①]（　）

A. 该公司说法正确，公交公司对免票乘客不负有安全保障义务，无须承担相应赔偿责任

---

① 解答：B。

B. 该公司说法错误，公交公司对所有乘客负有安全保障义务，其中包括免票、持优待票或者经承运人许可搭乘的无票旅客

乘坐出租车发生车祸，乘客应向谁索赔？

案例实录

上个月，柳某乘坐出租车时，出租车与一辆货车相撞，柳某受伤，前后花去医疗费等5000多元。经交警现场勘察，认定货车车主应负事故的主要责任，出租车司机应负事故的次要责任，乘客柳某不负责任。柳某伤愈后，向出租车公司索赔，出租车公司只愿承担部分费用，绝大部分费用叫他向货车车主索赔。柳某应该向谁索赔呢？

律师分析

本案中，柳某乘坐出租车，便与出租车公司之间形成了客运服务合同关系。出租车司机在途中遭遇交通事故，未能将乘客安全送达目的地，应当承担违约责任。对于出租车公司提出交通事故是由案外人货车司机所引起的，于是要求柳某向货车车主索要赔偿的说法，因交通事故本身与客运合同不是同一法律关系，柳某与货车车主之间没有合同关系，所以不应该在本案的客运合同纠纷案件中来处理。出租车公司可以在赔偿柳某的损失后，按照交警出具的事故责任认定结果，向货车车主进行追偿。

法条链接

《中华人民共和国民法典》

第八百一十一条　承运人应当在约定期限或者合理期限内将旅客、货物安全运输到约定地点。

第八百二十三条　承运人应当对运输过程中旅客的伤亡承担赔偿责任；但是，伤亡是旅客自身健康原因造成的或者承运人证明伤亡是旅客故意、重大过失造成的除外。

前款规定适用于按照规定免票、持优待票或者经承运人许可搭乘的无票旅客。

第一千一百六十八条　二人以上共同实施侵权行为，造成他人损害的，应当承担连带责任。

温馨提示

乘客乘坐客运车辆即与承运人签订了客运服务合同，在这一合同关系中，承运人应当履行在约定期限或者合理期限内将乘客安全运送到目的地的义务，至此合同关系才终结。在这一过程中，因承运人或者其他第三人的原因致使乘客伤亡的，承运人均属于违约，依法应当承担损害赔偿责任。

自测小题

判断：承运人严格履行了安全运输义务，并告知旅客安全运输应当注意的事项。当旅客不配合承运人为安全运输所作的合理安排时，发生运输事故的，承运人可以减轻或免除责任。该说法是否正确?[①]（　）

遭遇出租车拒载怎么办?

案例实录

杨某要打车从 A 地去 B 地，可是出租车司机觉得杨某要去的地方

① 解答：正确。

路太不好走，觉得拉这么一趟赚的钱不多又浪费时间，性价比不高，他想拉一个路好走、距离适中的乘客，便借故拒绝了杨某的乘车请求。出租车可以随意拒绝载客吗？

律师分析

出租车司机无权拒绝杨某的合理运输要求。我国《民法典》第八百一十条规定，从事公共运输的承运人不得拒绝旅客、托运人通常、合理的运输要求。公共运输既具有商业性，也具有公益性。本质上说，公共运输是为人民服务的。因此，出租车司机在面对乘客时，是不能无理拒载的。根据《巡游出租汽车经营服务管理规定》第二十六条的规定，乘客要求去偏远、冷僻地区或者夜间要求驶出城区的，驾驶员可以要求乘客随同到就近的有关部门办理验证登记手续；乘客不予配合的，驾驶员有权拒绝提供服务。除此之外，驾驶员一般不能拒绝搭载乘客。否则，其将面临罚款等行政处罚。

法条链接

《中华人民共和国民法典》

第八百一十条　从事公共运输的承运人不得拒绝旅客、托运人通常、合理的运输要求。

《巡游出租汽车经营服务管理规定》

第二十六条　乘客要求去偏远、冷僻地区或者夜间要求驶出城区的，驾驶员可以要求乘客随同到就近的有关部门办理验证登记手续；乘客不予配合的，驾驶员有权拒绝提供服务。

第四十七条　巡游出租汽车驾驶员违反本规定，有下列情形之一的，由县级以上地方人民政府出租汽车行政主管部门责令改正，并处以200元以上2000元以下罚款：

（一）拒载、议价、途中甩客或者故意绕道行驶的；

……

温馨提示

除非法律有明确的规定，否则从事公共运输的承运人在旅客拦车承诺之后必须依法履行合同，其不得拒绝旅客、托运人通常、合理的运输要求。

自测小题

选择：遭遇出租车司机无正当理由拒载时，乘客可以[①]（　）。

A. 向出租车管理部门投诉

B. 向出租车公司投诉

C. 在网上发帖，公开车牌号、司机证照

乘坐客车时行李意外丢失，承运人是否应当赔偿？

案例实录

不久前，万某乘坐长途客车回家过年。由于乘车人员特别多，司机让万某将随身携带的两个行李箱放在客车的行李箱内，说是客运公司禁止车内装大件行李。万某告诉司机自己的行李箱内有非常重要的东西，想先取出来，司机称时间来不及了，自己会妥善保管好的，万某于是放心地上了客车。经过了5个小时的车程，万某终于到站了，可当他下车取行李箱时却发现自己的箱子不见了，因此要求司机赔偿，司机却借口万某没有看好自己的东西推脱责任。请问，客车司机应当赔偿万某的损失吗？

---

① 解答：AB。

律师分析

万某可以要求客运公司赔偿自己的损失。按照我国《民法典》第八百二十四条第一款的规定，在运输过程中旅客随身携带物品毁损、灭失，承运人有过错的，应当承担赔偿责任。当万某将自己的行李箱交给司机并告知其妥善保管时，运输公司的工作人员应当对其行李进行妥善保管，运输公司却将该行李丢失，并且无法提出有力证据证明自己尽了妥善保管的义务，因此运输公司应当承担赔偿责任。

法条链接

《中华人民共和国民法典》

第八百一十四条　客运合同自承运人向旅客出具客票时成立，但是当事人另有约定或者另有交易习惯的除外。

第八百二十四条　在运输过程中旅客随身携带物品毁损、灭失，承运人有过错的，应当承担赔偿责任。

旅客托运的行李毁损、灭失的，适用货物运输的有关规定。

第八百三十二条　承运人对运输过程中货物的毁损、灭失承担赔偿责任。但是，承运人证明货物的毁损、灭失是因不可抗力、货物本身的自然性质或者合理损耗以及托运人、收货人的过错造成的，不承担赔偿责任。

温馨提示

除法律特殊规定承运人不承担赔偿责任的情形外，比如有证据证明货物的毁损、灭失是由于不可抗力，如山洪、地震；或者是由于货物本身的自然性质或合理损耗，如挥发；或者是由于托运人、收货人的过错造成的，此时承运人是无须承担赔偿责任的。否则，承运人对运输过程中货物的毁损、灭失承担损害赔偿责任；对旅客自带物品毁损、灭失有过错的，承担损害赔偿责任。

自测小题

选择：杭某搭乘长途汽车回乡，携带工作地特产的散装白酒1桶。杭某担心安检不给通过，特地绕路避开安检，将装有白酒的行李自行放进了汽车行李箱。请问，杭某的行为是否正确？如果因白酒泄漏引发事故，杭某需要承担哪些责任？① （　）

A. 杭某行为错误，若事故造成承运人损失，杭某应对承运人承担赔偿责任

B. 杭某行为错误，若事故造成其他旅客损失，杭某应对其他旅客承担赔偿责任

C. 杭某行为错误，其可能面临行政处罚

未经定作人同意，承揽方可以将工作交由他人完成吗？

案例实录

蓝天私立小学与某服装加工厂签订了一份校服加工承揽合同，双方约定，由蓝天私立小学提供原材料，服装加工厂负责加工女生校服350套，男生校服500套，合同期限为一个月。合同生效后，由于一台机器发生故障，无法在预定的时间内交货，于是服装加工厂就擅自将200套男生校服转交给另一加工厂制作。合同期满后，蓝天私立小学在付款验货时发现，其中有一部分校服的做工明显较次，经查这200套校服为另一加工厂所做，遂要求服装加工厂承担违约责任。请问，服装加工厂可

① 解答：ABC。

以将任务转给他人吗？

律师分析

服装加工厂应当承担违约责任。服装加工厂作为承揽人既然与蓝天私立小学签订了承揽合同，就应该按照合同约定，利用自己的设备、技术和劳动能力完成所承揽的工作。但是服装加工厂因自身机器故障，未经合同另一方当事人同意，擅自将其中200套校服转给另外一加工厂，违背了双方的约定。根据《民法典》第七百七十二条的规定，蓝天私立小学不但可以与服装加工厂解除承揽合同，还可以要求服装加工厂承担因此给自己造成的损失。

法条链接

《中华人民共和国民法典》

第七百七十二条　承揽人应当以自己的设备、技术和劳力，完成主要工作，但是当事人另有约定的除外。

承揽人将其承揽的主要工作交由第三人完成的，应当就该第三人完成的工作成果向定作人负责；未经定作人同意的，定作人也可以解除合同。

温馨提示

定作人与承揽人订立承揽合同，是基于对承揽人本人的设备、技术和劳力的信任，因此，如合同没有特别约定，承揽人应当以自己的设备、技术和劳力完成承揽工作。承揽人如果未经定作人同意将其承揽的主要工作交由第三人完成的，定作人可以解除承揽合同，并要求承揽人承担违约责任，定作人因此受到损失的，还可以请求损失赔偿。

自测小题

选择：承揽人将其承揽的辅助工作交由第三人完成的，谁应当就

该第三人完成的工作成果向定作人负责?[1]（   ）

A. 承揽人　　　　　　B. 第三人

制衣厂没有按合同制作衣服，怎么办?

案例实录

某商场与某制衣厂签订了一份服装加工承揽合同，合同约定制衣厂为商场加工服装1000套，商场收到货物后支付货款。合同签订后，制衣厂先制作10套服装，经商场验收后服装厂再大批量加工。合同到期后，制衣厂将1000套服装送至商场，经查制衣厂没有按合同约定制作衣服，服装的颜色与合同约定不同，也与所送的样衣不同。商场面对这样的服装应该怎么办?

律师分析

双方签订了承揽合同后，作为承揽人应当按照合同约定按时、保质、保量完成工作。我国《民法典》第七百八十一条规定，承揽人交付的工作成果不符合质量要求的，定作人可以要求承揽人承担修理、重做、减少报酬、赔偿损失等违约责任。服装的颜色是服装的重要元素，如果服装的颜色不符合约定，则该服装就是质量不合格产品。制衣厂先制作的10套服装是合乎合同约定的，双方将其作为样衣。可是后面制衣厂加工生产的大批服装，其颜色与合同约定不同，也与先前所送的样衣不同，质量也不符合要求，商场作为定作人可以请求制衣厂承担违约责任，或者重新制作，或者赔偿损失，双方可以通过协商解决。

---

① 解答：A。

法条链接

《中华人民共和国民法典》

第七百八十一条　承揽人交付的工作成果不符合质量要求的，定作人可以合理选择请求承揽人承担修理、重作、减少报酬、赔偿损失等违约责任。

温馨提示

承揽人的主要义务之一就是遵守合同约定和定作人的要求，保质保量地完成工作成果，也就是说，承揽人应当保证其完成的工作成果符合合同约定，在质量上达到合同约定的标准。如果不符合约定的质量标准，应当按照定作人的要求进行修理、重做或者减少报酬。给定作人造成其他损失的应当赔偿损失。

自测小题

判断：如果承揽人交付的工作成果不符合质量要求，定作人可以拒绝支付报酬。该说法是否正确？[①]（　）

定作人拒绝支付报酬，承揽人可以留置货物吗？

案例实录

某养鸡场与饲料加工厂签订了承揽合同。合同约定，养鸡场为饲料加工厂提供10吨原材料，饲料加工厂将其加工成饲料。合同签订后一月内交付5吨饲料，验货后付款。一个月后，饲料加工厂按约定将加工好的饲料送至养鸡场。养鸡场工作人员验货并接收后，称财务

① 解答：错误。

人员不在，无法支付加工费。饲料加工厂同意宽限一段时间。后来，当饲料加工厂将剩余的饲料送至养鸡场时，养鸡场仍以种种理由拒绝支付加工费。此时的饲料加工厂该怎么办呢？

律师分析

养鸡场应当按照双方约定支付报酬。根据我国《民法典》的规定，定作人应当按照约定的期限支付报酬。定作人未向承揽人支付报酬或者材料费等价款的，承揽人对完成的工作成果享有留置权。本案中，养鸡场与饲料加工厂在合同中约定验货后付款，因此，当饲料加工厂将第一批饲料交付养鸡场时，其工作人员验收合格并接收后，就应当立即付款。当饲料加工厂将第二批饲料送至养鸡场时，其依然不支付费用，此时饲料加工厂可以对第二批饲料行使自己的留置权，然后通知养鸡场在合理的期限内支付报酬及其他应付费用，若养鸡场仍不支付，饲料加工厂则可以处置该批饲料，将所得价款用来支付自己的报酬及其他管理费用。

法条链接

《中华人民共和国民法典》

第七百八十二条　定作人应当按照约定的期限支付报酬。对支付报酬的期限没有约定或者约定不明确，依据本法第五百一十条的规定仍不能确定的，定作人应当在承揽人交付工作成果时支付；工作成果部分交付的，定作人应当相应支付。

第七百八十三条　定作人未向承揽人支付报酬或者材料费等价款的，承揽人对完成的工作成果享有留置权或者有权拒绝交付，但是当事人另有约定的除外。

温馨提示

承揽合同是承揽人按照定作人的要求完成工作，交付工作成果，定作人支付报酬的合同。在许多合同关系中，定作人除明确提出工作要求外，还应按时、保质、保量地提交原材料、技术资料，完成必要的辅助工作和准备工作，如果定作人不能履行自己的责任，延误了工期或给对方造成损失，承揽人有权请求其顺延期限，或者赔偿自己的损失。

自测小题

选择：甲公司与乙公司订立承揽合同，乙公司完成工作任务之后，按时向甲公司交付了工作成果。但是，甲公司并未按照约定支付报酬，对此乙公司可以通过以下哪些方式维护自己的合法权益?①（　）

A. 积极与甲公司就付款事宜进行磋商

B. 请求人民调解委员会调解

C. 到人民法院提起诉讼

定作人临时解除合同，承揽人的损失由谁承担?

案例实录

苏某携未婚妻林某到当地一家服装定制门店，要求服装店为二人定做一套结婚礼服。苏某和林某在服装店买好了布料，并量好了衣服的尺寸，付了200元定金，并约定两周后服装店通知苏某和林某来取衣服。刚过了一周，苏某就通知服装店，二人决定租赁结婚礼服，要求服装店取消定做。但此时，服装店称苏某的礼服已经做好，林某的

① 解答：ABC。

礼服也快要做好了，因此拒绝终止合同。请问，定作人可以随时解除承揽合同吗？

律师分析

本案中，双方当事人之间存在承揽合同关系，定作人苏某可以随时通知服装店停止制作服装，但应该支付服装店为制作服装所耗费的布料费用及部分加工费用。我国《民法典》第七百八十七条规定，定作人在承揽人完成工作前可以随时解除合同，造成承揽人损失的，应当赔偿损失。本案中，苏某与服装店对制作服装事宜达成一致意见后，加工承揽合同就已经生效。当一周后苏某通知服装店解除承揽合同时，服装店已经做好了一套服装，并且另一套服装的制作也即将完成，为此不但使用了相应的布料，也付出了一定的劳动，所以苏某应该支付布料费用及这部分劳动相应的报酬。

法条链接

《中华人民共和国民法典》

第七百八十七条　定作人在承揽人完成工作前可以随时解除合同，造成承揽人损失的，应当赔偿损失。

温馨提示

法律充分尊重当事人的意思自治，体现在承揽合同的订立和解除中就是，定作人可以随时订立和解除承揽合同。当然，由于定作人随时解除承揽合同，可能会给承揽人造成一定的损失，因此，当定作人在中途告知承揽人终止合同时，对于给承揽人造成的损失应给予相应的经济赔偿，以保障承揽人的合法权益。

自测小题

判断：小云经人介绍承揽了一笔业务，合同签订后，小云发现无

法与定作人沟通，定作人也不满意小云提出的方案。对此，小云可以随时解除合同。该说法是否正确?[①]（　）

定作人提供的原料被盗应该怎么办?

案例实录

兰某的外祖母去世时留给兰某一对金耳环，兰某的母亲建议兰某找人改成现在流行的款式佩戴上，兰某于是找到了一家饰品加工店，约定由该店负责加工这对金耳环。双方签订了一份协议，兰某选好了款式后，就将耳环留在了店内，约定10天后来取。可是，3天后，饰品加工店通知兰某，由于饰品店被盗，兰某送来的耳环也丢失了，无法再加工。兰某得知后，要求饰品加工店赔偿损失，可店主称自己没有保管义务，而且自己也是受害方，拒绝赔偿。请问，饰品加工店店主的理由成立吗?

律师分析

饰品加工店店主的理由不成立，其应当赔偿兰某的损失。我国《民法典》第七百八十四条规定，承揽人对定作人提供的材料负有妥善保管义务，因保管不善造成毁损、灭失的，承揽人应当承担损害赔偿责任。本案中，兰某与饰品加工店签订了承揽合同，并向其提供了原材料，此时，该原料即处在加工店的实际占有之下。饰品加工店作为承揽人，应当选择合理的场地、采用适当的保管方式对其进行妥善保管，因饰品加工店保管不善致使金耳环被盗，饰品加工店应当承担损害赔偿责任。

---

① 解答：错误。

法条链接

《中华人民共和国民法典》

第七百八十四条　承揽人应当妥善保管定作人提供的材料以及完成的工作成果，因保管不善造成毁损、灭失的，应当承担赔偿责任。

温馨提示

定作人与承揽人订立承揽合同后，定作人将原材料交付给承揽人，即失去了对原材料的实际占有和管理；此时，承揽人应当对其所占有的原材料进行妥善管理，原材料的毁损、灭失风险转由承揽人承担，因承揽人保管不善，致使履行合同期间原材料毁损、灭失的，承揽人应负相应责任。

自测小题

选择：甲公司委托丙公司和丁工厂为其定制一批工具，三方签订了一份承揽合同，甲公司为定作人，丙公司和丁工厂为共同承揽人。合同履行期间，丁工厂的员工方某因工作失误导致甲公司提供的原材料受损。关于相应的责任承担，下列说法正确的是?① (　)

A. 由丁工厂承担

B. 由方某承担

C. 由丙公司和丁工厂承担

① 解答：C。

第八章

仓储与保管合同

保管人未妥善保管造成物品损坏怎么办?

案例实录

某工艺品厂将5000个艺术相框寄存在某仓库，合同约定仓库为其保管半年，保管费2000元。合同生效后，工艺品厂将5000个艺术相框交给了仓库，仓库也对其进行了验收。半年后，工艺品厂取回艺术相框时发现20%的相框有不同程度的损坏，不得不按残次品处理。工艺品厂能要求仓库赔偿损失吗?

律师分析

保管合同是保管人有偿地或无偿地为寄存人保管物品，并在约定期限内或应寄存人的请求，返还保管物品的合同。保管人为确保保管物安全，提供保管劳务，保管物只能是特定物或特定化了的种类物。保管合同一般是有偿合同，保管方收取费用，就要对保管物负责，使其不受损害。我国《民法典》规定，保管期内，因保管人保管不善造成保管物毁损、灭失的，保管人应当承担赔偿责任。该仓库作为保管人为工艺品厂保管5000个艺术相框，保管半年收费2000元，应当采取必要的保护措施，以避免保管物发生损坏。面对仓库保管不力，造成5000个艺术相框中有20%损坏的情形，仓库应当赔偿工艺品厂损失。

实践中，如果寄存人工艺品厂交付的艺术相框本身就有质量问题时，仓库只要证明尽力采用合适的保管方式，出现损失也不承担赔偿责任。如果仓库是免费为其保管艺术相框，并且对损失没有重大过失的，不承担损害赔偿责任。

法条链接

《中华人民共和国民法典》

第八百九十七条　保管期内，因保管人保管不善造成保管物毁损、灭失的，保管人应当承担赔偿责任。但是，无偿保管人证明自己没有故意或者重大过失的，不承担赔偿责任。

温馨提示

在保管合同关系中，无论是有偿保管还是无偿保管，保管人都应尽相当注意义务。当然，有偿保管合同中保管人责任相对加重，其应承担抽象轻过失责任。在保管期间，由于保管人的原因致使保管物毁损、灭失，保管人应当予以赔偿，但此时需要注意的是，如果是无偿保管，且保管人能够证明自己没有重大过失责任，那么保管人就无须承担损害赔偿责任。

自测小题

选择：甲公司委托丙公司保管一批货物，因交接工作的人工作疏忽，忘记告知丙公司该批货物需要恒温保管。接收保管物后，丙公司仅采取了通常的保管措施，后保管物发生货损。就该损失，保管人是否可以免责?[1]（　）

---

① 解答：B。

A. 丙公司具有丰富的保管经验，对货损的发生存在过错，不能免责

B. 甲公司未履行如实告知义务，丙公司可以免责

C. 甲公司和丙公司对货损均存在过错，双方应分摊损失

保管人可以出借保管的物品吗？

案例实录

甲公司将500件十字绣作品存放在某仓库，约定半年后取回。乙公司做展览需要大量艺术品，听说某仓库存有十字绣作品后央求该仓库负责人借出一部分，使用三天付其费用2000元。该仓库于是将100件十字绣作品借出，甲公司得知后，要求仓库收回十字绣作品，并赔偿损失。乙公司送回十字绣，称只是展览用并没有对作品造成损害。保管方能够擅自出借所保管的物品吗？

律师分析

保管人收取寄送保管费，就要尽到妥善保管标的物、亲自保管、不使用保管物、返还标的物及孳息等义务。我国《民法典》第八百九十五条规定："保管人不得使用或者许可第三人使用保管物，但是当事人另有约定的除外。"说明在原则上保管人是不能使用或出借保管物的。如果保管合同双方当事人就使用、出借达成协议，有约定则依照双方约定。甲公司将十字绣作品存放在某仓库，双方并没有约定该物品是否可以使用和出借，证明是不能使用和出借的。某仓库为乙公司的展览而将100件十字绣作品出借，违反了合同约定，该仓库应当收回十字绣作品。

法条链接

《中华人民共和国民法典》

第八百九十五条　保管人不得使用或者许可第三人使用保管物，但是当事人另有约定的除外。

温馨提示

保管人应当按照保管合同的约定，妥善保管保管物，在没有特别约定的情况下，不得私自使用或者许可第三人使用保管物。在保管合同关系中，保管人对于保管物仅承担保管的义务，而没有所有权、使用权，因此其无权处分保管物，保管人违反此项义务就应当承担违约责任。

自测小题

选择：甲公司和乙公司订立了保管合同，未经乙公司同意，甲公司将乙公司委托其保管的设备转交给丁公司保管，丁公司保管不善导致货损，应该由谁对乙公司承担责任?[①]（　）

A. 甲公司

B. 丁公司

C. 甲公司和丁公司承担连带责任

提前取回仓储物，是否可以要求仓储公司退还部分仓储费?

案例实录

某娱乐公司与某仓储公司签订了一份仓储合同，约定娱乐公司将

① 解答：A。

2000个塑料人体模特存放于仓储公司，存放半年支付仓储费5000元。合同成立后，娱乐公司将2000个塑料人体模特送到仓储地。两个月后，娱乐公司称他们接到一合同，急需这批塑料人体模特。娱乐公司将塑料人体模特运走，并要求仓储公司退还其2000元仓储费，娱乐公司的要求成立吗？

律师分析

仓储合同是保管人储存存货人交付的仓储物，存货人支付仓储费的合同。仓储合同是一种特殊的保管合同，仓储合同的保管人，必须具有依法取得从事仓储保管业务的经营资格。保管人应做好仓储物入库的验收工作，并办妥各种入库凭证手续，配合存货人做好货物的入库和交接工作。我国《民法典》第九百一十五条规定："储存期限届满，存货人或者仓单持有人应当凭仓单、入库单等提取仓储物。存货人或者仓单持有人逾期提取的，应当加收仓储费；提前提取的，不减收仓储费。"某娱乐公司与某仓储公司的仓储协议自达成时起就已经生效，储存费用也开始计算。娱乐公司提前将2000个塑料人体模特取走，属于提前提取，依法不减收仓储费，娱乐公司不能要求仓储公司退还其2000元仓储费。

法条链接

《中华人民共和国民法典》

第九百一十五条　储存期限届满，存货人或者仓单持有人应当凭仓单、入库单等提取仓储物。存货人或者仓单持有人逾期提取的，应当加收仓储费；提前提取的，不减收仓储费。

温馨提示

仓储合同系由一般有偿保管合同演变而来，因此在法律无特别规定之情况下，可适用保管合同的法律制度，赋予存货人提前提取货物之权利，同时不予减收费用，平衡各方利益。

自测小题

选择：甲公司与乙工厂订立了一份仓储合同，储存期限是2个月。该期限届满后，甲公司久未提货，严重违反合同约定。对此，乙工厂可以采取的措施有?①（　）

A. 加收仓储费用

B. 将仓储货物转让给第三人

C. 催告甲公司尽快提取货物

先存放后付费，存放物毁坏责任谁负?

案例实录

某运输公司代某食品厂运送方便面，中途突降暴雨，虽采取了一定的措施，但因雨太急太大，司机担心车上的方便面因受潮而变质，正好路边有一家仓储公司，司机便将方便面送了进去。运输公司与其约定先存货，取货的时候再付费。当地一直暴雨不断，运输公司10天后取货时发现方便面因严重受潮而变质，原因是仓储公司没有采取合格的防霉变措施。先存放后付费，存放物毁坏责任谁负?

律师分析

我国《民法典》第九百零二条规定："有偿的保管合同，寄存人应当按照约定的期限向保管人支付保管费。当事人对支付期限没有约定或者约定不明确，依据本法第五百一十条的规定仍不能确定的，应

① 解答：AC。

当在领取保管物的同时支付。”同时，根据该法第九百一十八条的规定，仓储合同适用保管合同的有关规定。本案中，运输公司与仓储公司约定先存货，取货的时候再付费，可以认定为双方是先存货后付费，运输公司领取仓储物的时候支付费用。根据《民法典》第九百一十七条的规定，储存期内，因保管不善造成仓储物毁损、灭失的，保管人应当承担赔偿责任。因仓储物的自然性质、包装不符合约定或者超过有效储存期造成仓储物变质、损坏的，保管人不承担赔偿责任。运输公司存放在仓储公司的方便面因仓储公司没有采取合格的防霉变措施而严重受潮变质，仓储公司应当承担仓储不当的责任，赔偿运输公司的损失。

法条链接

《中华人民共和国民法典》

第八百九十七条　保管期内，因保管人保管不善造成保管物毁损、灭失的，保管人应当承担赔偿责任。但是，无偿保管人证明自己没有故意或者重大过失的，不承担赔偿责任。

第九百零二条　有偿的保管合同，寄存人应当按照约定的期限向保管人支付保管费。

当事人对支付期限没有约定或者约定不明确，依据本法第五百一十条的规定仍不能确定的，应当在领取保管物的同时支付。

第九百一十八条　本章没有规定的，适用保管合同的有关规定。

温馨提示

妥善保管义务是仓储合同义务人应履行的主要义务，一旦保管人与存货人达成仓储协议，保管人就应当按照合同约定的内容履行仓储保管义务，在仓储期间，非因不可抗力、自然因素、货物性质而发生的货物损耗，保管人均应承担法律责任。即使合同双方没有约定付费期限或者约定不明确，也不影响保管人的妥善保管义务的履行。

自测小题

选择：出现以下哪些情形，保管人不必就仓储物的货损承担责任？[①]（　）

A. 仓储物本身极易变质

B. 仓储物包装不符合约定

C. 仓储物超过有效储存期

仓储物被毁损且有缺失，存货人该如何索赔？

案例实录

天华公司生产了一批玻璃工艺水杯，由于没有联系好买方，决定将该批产品暂时寄存在当地一家仓库。双方约定存储期限为 3 个月，保管费 1 万元。合同签订后，天华公司将 6000 只玻璃水杯运至该仓库，库管人员经过验收全部入库。一个月后，天华公司找到了买家，前往仓库提取货物时，发现少了 70 只水杯，而且还有部分水杯受损，属于残次品。天华公司要求该仓库赔偿其损失，仓库以入库数量不准确和玻璃制品属易碎物品，难免会有损伤为由予以拒绝。那么，天华公司能要求该仓库赔偿自己的损失吗？

律师分析

仓库应当对该损失承担赔偿责任。根据我国《民法典》的规定，保管人应当按照约定对入库仓储物进行验收。保管人验收时发现入库

① 解答：ABC。

仓储物与约定不符合的，应当及时通知存货人；保管人在验收后发生仓储物的品种、数量、质量不符合约定的，保管人应当承担损害赔偿责任。储存期间，因保管人保管不善造成仓储物毁损、灭失的，保管人应当承担损害赔偿责任。本案中，当仓库对玻璃水杯完成验收后，因其保管不善，造成产品缺失，显然应当对此损失承担赔偿责任。而玻璃制品是易碎品，仓库作为保管方应当采取必要的保护措施，以避免其发生损坏，显然仓库方未尽到妥善保管的义务，应承担损害赔偿责任。

法条链接

《中华人民共和国民法典》

第八百九十七条　保管期内，因保管人保管不善造成保管物毁损、灭失的，保管人应当承担赔偿责任。但是，无偿保管人证明自己没有故意或者重大过失的，不承担赔偿责任。

第九百零七条　保管人应当按照约定对入库仓储物进行验收。保管人验收时发现入库仓储物与约定不符合的，应当及时通知存货人。保管人验收后，发生仓储物的品种、数量、质量不符合约定的，保管人应当承担赔偿责任。

温馨提示

保管人对入库仓储物进行验收，既是其自身的权利也是其自身的义务。通过验收，保管人可以知道仓储物的质量、数量、性质等，以便确定合理的保管方法。一旦保管物验收入库，就表明保管人已经知晓了仓储物的相关信息，此时如果发生仓储物的品种、数量、质量不符合约定的，保管人就违反了合同约定，即应承担相应的赔偿责任。

自测小题

判断：甲公司与乙公司订立仓储合同，保管期内，甲公司发现仓储物发生变质或其他损坏，便自行处置了仓储物，事后才告知乙公司。甲公司的做法是否正确？[①]（　）

未向保管人声明寄存的是贵重物品，失主应该怎么办？

案例实录

某日下午，冯先生在商场给未婚妻买完结婚钻戒后接到了未婚妻的电话，她让冯先生到附近的超市买些日用品。因超市不允许带包入内，冯先生将随身携带的公文包寄存在超市存包处，领取了取物牌，之后就匆忙去买东西了。等冯先生从超市出来取包时才发现，包已被别人取走。冯先生找到了超市负责人胡某，胡某建议冯先生报案，但始终未能找到公文包。之后，冯先生向超市表明公文包内放有钻戒，要求超市赔偿自己的损失，而超市则以存包处有“顾客须保管好自己的贵重物品，丢失概不负责”的提示为由拒绝赔偿，并称冯先生并未事先声明自己包内有贵重物品。那么，超市的理由成立吗？

律师分析

超市的理由不成立，其应承担赔偿责任。但对于冯先生公文包内的贵重物品，根据我国《民法典》第八百九十八条的规定，超市只能按照一般物品赔偿。原因如下：（1）冯先生将公文包寄存在超市存包处，并领取了取物牌，双方之间的保管合同关系成立。（2）保管合同成立后，超市作为保管人当然有义务保管好冯先生的包，因此，取物牌在冯先生

① 解答：错误。

手中，冯先生的包却被他人领走，显然是超市工作人员的失误。由于超市没有完善的安全措施，致使冯先生的包被冒领后很难查清，超市应当承担赔偿责任。但对于包内的贵重物品，因冯先生在存包时没有向保管人声明，也未经保管人员验收，在没有其他有力证据证明冯先生包内确有贵重物品的情况下，超市只能按照一般物品予以赔偿。

法条链接

《中华人民共和国民法典》

第八百九十七条　保管期内，因保管人保管不善造成保管物毁损、灭失的，保管人应当承担赔偿责任。但是，无偿保管人证明自己没有故意或者重大过失的，不承担赔偿责任。

第八百九十八条　寄存人寄存货币、有价证券或者其他贵重物品的，应当向保管人声明，由保管人验收或者封存；寄存人未声明的，该物品毁损、灭失后，保管人可以按照一般物品予以赔偿。

温馨提示

超市或者购物广场内通常都有包裹寄存处，一般是免费寄存或者低价（多为人民币一元钱）寄存，在这种情况下，保管人如果没有重大过失，对保管物的毁损、灭失不承担赔偿责任。寄存人寄存货币、有价证券或者其他贵重物品时，应当向保管人声明，保管人验收后同意保管的，保管合同成立。寄存人未告知的，寄存人不能要求保管人承担超出合理预期的赔偿责任，保管人仅需按照一般物品予以赔偿。

自测小题

选择：杨某出国前将爱宠波斯猫交给陈某保管，未支付任何费用。陈某是爱猫之人，对波斯猫照顾有加。不久后，波斯猫病逝。下

列说法正确的是？[①]（ ）

A. 无论如何，陈某都应当向杨某承担赔偿责任

B. 无论如何，陈某都不需要向杨某承担赔偿责任

C. 除非陈某能证明自己对波斯猫的病逝不存在故意或过失，否则其应当承担赔偿责任

无偿替人看包，包被偷走要承担责任吗？

案例实录

大学放暑假时，张某与李某相约乘火车回家。在候车室等车时，张某突然肚子疼，便将自己的背包交给李某照看，自己起身去了卫生间。此时，李某在候车室遇见了自己的一位老同学，随手将背包放在椅子上，上前跟同学聊天。当张某从卫生间出来时发现自己的背包不见了，于是要求李某赔偿她的损失。可李某觉得自己只是暂时替张某照看一下，帮忙而已，怎么可能承担张某的损失呢？

律师分析

李某应当承担赔偿责任。本案中，当张某将包交给李某照看时，双方达成保管合同的意思表示，显然双方之间的保管合同是成立的。因此，李某有义务妥善保管张某的包。但在此期间，李某将保管物放置在不安全的地方，疏于保管，导致保管物丢失，其行为明显存在重大过失。我国《民法典》第八百九十七条对无偿保管导致保管灭失的免责情形作了规定，即保管人须证明自己没有故意或者重大过失。李某的行为显然不属于免责范围之内，因此应当承担赔偿责任。

---

① 解答：C。

法条链接

《中华人民共和国民法典》

第八百九十二条　保管人应当妥善保管保管物。

当事人可以约定保管场所或者方法。除紧急情况或者为维护寄存人利益外，不得擅自改变保管场所或者方法。

第八百九十七条　保管期内，因保管人保管不善造成保管物毁损、灭失的，保管人应当承担赔偿责任。但是，无偿保管人证明自己没有故意或者重大过失的，不承担赔偿责任。

温馨提示

双方当事人成立保管合同时，可以约定保管的场所或者保管的方法，合同生效后，保管人就应当按照合同约定的保管场所或方法妥善保管保管物。除非遇有紧急情况或者为维护寄存人的利益，比如突降暴雨，不改变储存方法会致使保管物受潮毁损等，保管人不得擅自改变保管场所或者方法，因为这明显属于一种违约行为，保管人为此需要承担相应的赔偿责任。

自测小题

选择：甲公司与乙公司订立保管合同，委托乙公司在A市B区仓库保管货物。保管期内，乙公司为腾出空间给其他货物，自行将甲公司的货物搬运到A市C区。乙公司的行为(　)。①

A. 合法，只需要事前通知甲公司即可

B. 合法，只需要事后通知甲公司即可

C. 不合法，违反了保管合同约定

① 解答：C。

第九章

其他合同

受托人以自己的名义签订合同，委托人应该负责吗？

案例实录

甲受某物业公司委托去外地采购一批电话机，在途中不慎遗失了盖有公司公章的空白合同和介绍信。在与电话机厂签订合同时，甲说明其受物业公司委托采购电话机，电话机厂向物业公司进行询问，物业公司对甲的身份予以确认。合同订立后，供货方电话机厂将电话机运到物业公司，物业公司却拒绝接受，卖方为此损失5000元。该损失应由谁承担呢？

律师分析

委托合同是委托人和受托人的约定，由受托人处理委托人事务的合同。委托合同是典型的劳务合同。委托合同具有人身性质，以当事人之间相互信任为前提，既可以是有偿的也可以是无偿的，是诺成的、双务的合同。根据我国《民法典》的规定，受托人以自己的名义，在委托人的授权范围内与第三人订立的合同，第三人在订立合同时知道受托人与委托人之间的代理关系的，该合同直接约束委托人和第三人；但是，有确切证据证明该合同只约束受托人和第三人的除外。甲受某物业公司委托去外地采购一批电话机，虽然遗失了盖有公司公章的空白合同和介绍信，但是甲告知了电话机厂真实情况，电话机厂还向物业公司进行了确认，在此情况下甲与电话机厂签订合同。依法该合同直接约束电话机厂和物业公司，物业公司不予履行该合同，则物业公司应当承担违约责任，赔偿电话机厂5000元损失以及其他经济损失。

法条链接

《中华人民共和国民法典》

第九百二十五条　受托人以自己的名义，在委托人的授权范围内与第三人订立的合同，第三人在订立合同时知道受托人与委托人之间的代理关系的，该合同直接约束委托人和第三人；但是，有确切证据证明该合同只约束受托人和第三人的除外。

温馨提示

在合同订立中没有明确体现该合同只约束受托人和第三人的情况下，委托人也直接受合同的约束，委托人不得擅自毁约，不履行合同规定的内容，如因委托人的原因导致合同终止，其应该承担法律责任并对其给第三人造成的损失给予赔偿。

自测小题

选择：南郡公司委托学明公司代其与甲公司签订买卖合同，甲公司也知道学明公司是受托人。买卖合同订立后，南郡公司觉得自己在这笔买卖上吃亏了，不愿意履行合同义务。关于买卖合同的效力，下列说法正确的是(　　)。①

A. 该协议仅对学明公司和甲公司有效

B. 该协议对南郡公司有效

C. 除非南郡公司对代理行为表示追认，否则不必受买卖合同约束

① 解答：B。

委托合同生效后可以随时被解除吗？

案例实录

张某委托某家政服务公司为其找一位保姆，双方签订了委托合同，合同中约定保姆应具备较高的家务能力，品行端正，合同有效期一年。合同生效后，该公司将保姆送到张某家，经过一段时间的试用，张某发现该保姆基本不会做家务，给自己的生活造成了很大的混乱。张某将情况反映给家政公司，该公司同意换一个业务能力强的保姆，但是这个保姆有小偷小摸的毛病，张某认为这样的保姆在家没有安全感。经过几次更换，张某认为家政公司不仅没有为自己找到合适的保姆，还给自己带来了损失，张某决定解除委托合同。那么，委托合同生效后可以随时解除吗？

律师分析

张某可以解除委托合同。我国《民法典》第九百三十三条规定，委托人或者受托人可以随时解除委托合同。因解除合同给对方造成损失的，除不可归责于该当事人的事由外，应当赔偿损失。虽然张某与家政公司的委托合同期是一年，但是，家政公司没有按照合同的规定为张某提供合格的保姆，而且有些保姆的行为给张某的生活带来了不便和损失，这些损失都是由于家政公司的失职造成的，对于给张某造成的损失家政公司应该承担赔偿责任。

法条链接

《中华人民共和国民法典》

第九百三十三条　委托人或者受托人可以随时解除委托合同。因解除合同造成对方损失的，除不可归责于该当事人的事由外，无偿委托合同的解除方应当赔偿因解除时间不当造成的直接损失，有偿委托合同的解除方应当赔偿对方的直接损失和合同履行后可以获得的利益。

温馨提示

我国法律明确规定了委托人和受托人有随时解除委托合同的权利，无论哪一方都可以随时提出解除合同。如果双方都按照合同约定履行各自的义务，尽到自己的责任，正常情况下是不会出现解除合同的情况的；但是，如果任何一方的行为违反了合同约定，另一方随时可提出解除委托合同，因解约造成的损失，应由不履行合同义务的一方给予赔偿。

自测小题

判断：小志请明华替自己办理接房手续，明华未收取任何费用。接房前一周，明华以自己生病无法出行为由告知小志自己无法履行受托义务，请他另行委托他人。小志无法找到其他受托人，便对明华说："如果你不帮我办这件事，你就要承担损害赔偿责任！"明华的说法是否正确？[①]（　）

受托销售货物，超出约定价格的部分归谁？

案例实录

甲公司委托乙公司代为销售两台生产机床，甲公司指定的价格是每台 20 万元。乙公司工作人员经过多方协作，终于以每台 22 万元的价格

---

① 解答：错误。

将两台机床卖出。针对多卖出的4万元，甲乙两公司没有约定，最后乙公司提出这4万元归乙公司所有，甲公司却提出，如果归乙公司所有则甲公司不支付乙公司报酬。乙公司可以主张4万元归其所有吗？

律师分析

行纪合同是行纪人以自己的名义为委托人从事贸易活动，委托人支付报酬的合同。对于合同涉及市场定价或合同当事人指定价格的产品，我国《民法典》第九百五十五条规定："行纪人低于委托人指定的价格卖出或者高于委托人指定的价格买入的，应当经委托人同意；未经委托人同意，行纪人补偿其差额的，该买卖对委托人发生效力。行纪人高于委托人指定的价格卖出或者低于委托人指定的价格买入的，可以按照约定增加报酬；没有约定或者约定不明确，依据本法第五百一十条的规定仍不能确定的，该利益属于委托人。委托人对价格有特别指示的，行纪人不得违背该指示卖出或者买入。"甲公司委托乙公司代为销售两台生产机床，机床指定价格为每台20万元，乙公司工作人员将每台以22万元价格卖出，双方没有约定这4万元该如何分配，甲公司可以依法主张4万元归甲公司所有，并应当依照合同的约定支付给乙公司行纪报酬。

法条链接

《中华人民共和国民法典》

第九百五十二条　行纪人处理委托事务支出的费用，由行纪人负担，但是当事人另有约定的除外。

第九百五十五条　行纪人低于委托人指定的价格卖出或者高于委托人指定的价格买入的，应当经委托人同意；未经委托人同意，行纪人补偿其差额的，该买卖对委托人发生效力。

行纪人高于委托人指定的价格卖出或者低于委托人指定的价格买

入的，可以按照约定增加报酬；没有约定或者约定不明确，依据本法第五百一十条的规定仍不能确定的，该利益属于委托人。

委托人对价格有特别指示的，行纪人不得违背该指示卖出或者买入。

温馨提示

行纪合同是行纪人以自己的名义为委托人从事贸易活动，委托人支付报酬的合同。行纪人接受委托买卖有市场定价的商品时，除委托人有相反的意思表示外，行纪人自己可以作为买受人或出卖人。

自测小题

选择：小冯委托小杜帮自己转让一批运动鞋，双方约定，小杜应该以不低于每双249元的价格卖出。小杜以高于约定价格卖出一批鞋后，品牌商爆出丑闻，旗下鞋类价格均有所下降，销售效果也不理想。于是，小杜便自行将价格调整为每双129元。小杜的行为（　）。①

A. 违法，其调整价格前应经过小冯同意

B. 合法，小杜调整价格后通知小冯即可

C. 合法，但小杜的行纪报酬将有所下降

行纪人可以买代卖的产品吗？

案例实录

某商店帮乙代卖一批童装，约定价格为50元一件，每卖出一件，商店可得5元报酬。商店老板见该批货物质量很好，款式新颖，决定

---

① 解答：A。

自己把货物买下来，适当加了些价格卖出。乙得知后，没有反对。最后在支付商店报酬时，乙以卖出价格高于约定价格为由，拒绝支付某商店应得的报酬，乙的做法是否合理？

律师分析

我国《民法典》第九百五十六条规定，行纪人卖出或者买入具有市场定价的商品，除委托人有相反的意思表示外，行纪人自己可以作为买受人或者出卖人。某商店作为乙的行纪人帮助乙代卖童装，而且双方对该批产品有明确的市场定价，依法某商店可以购买该批产品。对于某商店的报酬，该条文还规定，行纪人有前款规定情形的，仍然可以请求委托人支付报酬。由此可推断，商店可以购买乙出售的产品。商店仍可以请求乙支付报酬，乙也应当支付约定的报酬。

法条链接

《中华人民共和国民法典》

第九百五十六条　行纪人卖出或者买入具有市场定价的商品，除委托人有相反的意思表示外，行纪人自己可以作为买受人或者出卖人。

行纪人有前款规定情形的，仍然可以请求委托人支付报酬。

温馨提示

行纪人按照委托人的指示，实施行纪行为时，有权以自己作为买受人或者出卖人与委托人进行交易活动。既然行纪人仍然是行纪合同的一方当事人，委托人就应当按照行纪合同约定的报酬支付给行纪人，而不能以行纪人是买卖合同的买受人为由，拒绝支付报酬。因为买卖合同和行纪合同产生的是两个不同的合同关系，就应当分别由这两个合同关系的法律调整，不能混合。

自测小题

选择：甲公司委托陈某为其出卖一批设备，该设备系市场定价商品。正好陈某自家公司也需要，于是陈某想自己买下该批设备，甲公司不同意，但陈某坚持受让了这批设备。陈某是否有权要求甲公司支付行纪报酬？[①]（　）

A. 有权　　　　B. 无权

中介隐瞒真实情况，造成损失谁来赔？

案例实录

小李在某市找到一份工作，签了 3 年的合同，因单位不提供住宿，就想在单位附近租一间房子。于是他找到附近的一家房屋中介公司，双方约定在小李与房东签订合同后支付一个月的房租作为中介费。小李顺利搬进中介公司推荐的房屋居住，一个月后，房屋的真正房东找到小李，要求支付房租才能居住。原来之前和小李签合同的人并非真正的房东，请问小李是否有权要求房屋中介公司退回中介费并承担自己遭受的损失？

律师分析

在市场经济中，由于交易双方在交易前互不了解，因此可以寻求一位具有中间立场并且具有一定素质的人或者公司，来对交易进行经济或者信誉上的担保，以推动买卖顺利进行。房屋中介公司为他人的房屋租赁、交易提供帮助，并收取费用，在我国迅速地成长和发展。对于中介公司故意提供虚假信息骗取中介费用的，我国《民法典》第九百六十二

① 解答：B。

条规定，中介人应当就有关订立合同的事项向委托人如实报告。中介人故意隐瞒与订立合同有关的重要事实或者提供虚假情况，损害委托人利益的，不得请求支付报酬并应当承担损害赔偿责任。该房屋中介公司隐瞒真实情况，让小李与一个非房东的主体签订合同，刚居住一个月就被真正的房东通知支付房租。该房屋中介公司依法应当承担已支付的房租的损失，并不得要求小李支付报酬，返还其作为中介费的一个月房租。

法条链接

《中华人民共和国民法典》

第九百六十二条　中介人应当就有关订立合同的事项向委托人如实报告。

中介人故意隐瞒与订立合同有关的重要事实或者提供虚假情况，损害委托人利益的，不得请求支付报酬并应当承担赔偿责任。

温馨提示

委托人与中介订立中介合同，往往是由于信息不够灵通，才请中介为自己办理事务，其目的就在于通过中介找到订约的机会。中介应将订约的有关事项（包括相对人的资信状况、生产能力、产品质量以及履约能力等与订立合同有关事项）提供给委托人，以供其选择。这是中介人在中介合同中承担的报告义务，中介应依诚实信用原则履行此项义务。

自测小题

选择：成礼委托某房产中介机构为自己寻找合适的房屋，双方签订了委托服务合同。中介机构出现下列哪些行为，成礼有权要求对方承担责任？[1]（　）

---

① 解答：AB。

A. 中介机构故意隐瞒了房屋曾发生过凶杀案的事实

B. 中介机构故意提供虚假信息，让成礼匆忙之中以高于市场价购买房屋

C. 中介机构一时未能找到符合成礼心意的房屋

交易未实现，还要向中介支付费用吗？

案例实录

甲需买一辆二手车拉货，因乙长期从事二手车买卖交易，了解车辆的各种性能及相应价格。于是甲就找到乙，请乙帮忙买一辆适合自己的二手货车，约定事成之后，支付中介费1000元。乙在多次比对之后，帮甲选了一辆比较符合甲要求的货车。在双方讨价还价，考察车辆性能之后，因车辆的另外一位共有人临时变卦，不同意卖出，车辆没有办理过户。请问乙是否有权向甲索要中介费？

律师分析

甲不需要向乙支付中介费。本案中甲与乙之间的合同属于中介合同。所谓中介合同，是指中介人向委托人报告订立合同的机会或者提供订立合同的媒介服务，委托人支付报酬的合同。本案中，甲是委托人，乙是中介人。我国《民法典》规定，中介人未促成合同成立的，不得请求支付报酬。但是，可以按照约定请求委托人支付从事中介活动支出的必要费用。据此，甲不需支付乙报酬，仅须支付乙从事中介活动的必要费用。

法条链接

《中华人民共和国民法典》

第九百六十一条　中介合同是中介人向委托人报告订立合同的机

会或者提供订立合同的媒介服务，委托人支付报酬的合同。

第九百六十四条　中介人未促成合同成立的，不得请求支付报酬；但是，可以按照约定请求委托人支付从事中介活动支出的必要费用。

温馨提示

中介活动能否达到目的，委托人与第三人之间的合同能否促成，有着不确定性，不是完全可由中介的意志决定的。因此，委托人的给付义务是否须履行，也是不确定的。因为报酬是中介服务成果的对价，没有促成合同成立，则不得请求支付报酬。但中介人为中介活动支出的必要费用是为了委托人的利益而付出的，所以由委托人支付这些必要费用是比较公平合理的。

自测小题

选择：黄某委托中介公司为其提供看房、售房服务，中介公司将其筛选之后的信息告知黄某后，黄某没有看上这些房屋，便转向其他中介公司。请问，中介公司是否仍然有权要求黄某支付中介费?①（　）

A. 有权　　　　　　B. 无权

租户与房东通过中介认识，但并未通过中介签订租房合同，还需要支付中介费吗?

案例实录

徐某自毕业后一直在北京打拼，由于北京房价高，徐某便一直租房。前不久，徐某突然接到房东的通知，称要把房子收回去不出租

① 解答：B。

了，无奈之下徐某只好另找房子。徐某找到某中介公司孙某，在孙某的带领下，最终看中了一处房子。孙某与徐某及房东约好了见面的时间，希望到时候三方能坐下来详谈一下。当见到房东后，徐某便想着得到房东的联系方式，以便自己私下与房东签约，这样就不用承担中介费了。那么，徐某的想法正确吗？徐某私下与房东签约，真的不用承担中介费吗？

律师分析

中介费是中介合同的重要组成部分，也是中介人进行中介活动的主要目标。中介人为签订合同的双方牵线搭桥，会投入一定的人力、物力、财力，如果人们利用中介人达成私下交易，那对中介人来说是相当不公平的。因此，为了公平起见，也为了维护市场交易有序进行，我国《民法典》第九百六十五条专门规定了委托人利用中介人的服务，私下与他人签订合同后，也应该支付中介费。也就是说，本案中，即便徐某私下与房东签约，中介人孙某也完全有权利向徐某追回中介费。

法条链接

《中华人民共和国民法典》

第九百六十五条　委托人在接受中介人的服务后，利用中介人提供的交易机会或者媒介服务，绕开中介人直接订立合同的，应当向中介人支付报酬。

温馨提示

委托人绕开中介人与第三方签订合同，是违背良心办事，会受到道德的谴责，也逃不过法律的制约。我们在买房、租房的过程中，一定要实实在在地办事，切不可投机取巧。

自测小题

选择：小李想买一套二手房，在下列哪些情况下应该支付中介费?[①]（　）

A. 小李通过中介与房主签订购房合同

B. 小李通过中介认识房主，私下与房主签订购房合同

C. 小李通过中介认识房主，没有达成交易，但不久后，房主联系小李，为其牵线搭桥，将其朋友的房子卖给小李

D. 以上都需要支付中介费

在合伙债务中，债权人是否有权要求任何一位合伙人承担清偿责任？

案例实录

赵某、钱某二人开了一家合伙企业，公司主要承接建筑工程一类的业务。本来信心满满的二人，没成想业务开展得十分不顺利，导致公司效益非常不好。公司不仅即将面临倒闭，而且还欠了王某30万元钱。王某得知此事后，立即找到赵某索要欠款，但赵某却称当时赵某与钱某二人签订了合伙合同，在合同中约定了利润共享，风险共担，二人平均分担亏损。因此，自己只需要偿还王某15万元即可，剩下的15万元王某应该请求钱某偿还。请问，赵某的说法正确吗？

律师分析

赵某的说法是错误的，王某可以找赵某要求偿还30万元。根据我国《民法典》第九百七十二条的规定，合伙人可以在合伙合同中约

① 解答：AB。

定利润分配和亏损分担比例。但是，这仅具有内部效力，仅在合伙人内部生效。根据该法第九百七十三条的规定，合伙人对合伙债务承担连带责任。也就是说，无论赵某与钱某作出了怎样的约定，王某作为债权人，可以请求赵某全额归还自己 30 万元。赵某赔付了王某 30 万元后，可以根据合伙合同的约定向钱某追偿 15 万元。

法条链接

《中华人民共和国民法典》

第九百七十二条　合伙的利润分配和亏损分担，按照合伙合同的约定办理；合伙合同没有约定或者约定不明确的，由合伙人协商决定；协商不成的，由合伙人按照实缴出资比例分配、分担；无法确定出资比例的，由合伙人平均分配、分担。

第九百七十三条　合伙人对合伙债务承担连带责任。清偿合伙债务超过自己应当承担份额的合伙人，有权向其他合伙人追偿。

温馨提示

合同具有相对性。合伙合同是各位合伙人之间的合同，对合伙人以外的人不发生效力；再加上按照法律规定，合伙人对合伙债务以自己的个人财产承担无限连带责任，因此，某个合伙人不能以合伙合同的约定来对抗债权人要求清偿合伙债务的要求。

自测小题

判断：王先生和刘先生每人投资 50 万元，共同经营合伙企业。他们认为，企业的资产为 100 万元，如果将来因经营举债，那么也仅就 100 万元承担责任，自己无须承担连带责任。[1]（　）

---

① 解答：错误。

保理关系中，应收账款为虚构，债务人能以应收账款不存在为由对抗保理人吗?

案例实录

杜某是某工程公司的董事长。今年3月，杜某为扩大公司规模，决定到外地新建厂房，但就目前公司的资金情况来看，新建一套厂房是远远不够的。于是，杜某找到自己的亲戚马某（马某有自己的公司），与马某商量签订一份虚假的产品购销合同，由杜某作为债权人。这样一来，杜某就可以向当地保理公司进行保理，获得一笔钱建设工厂。马某觉得两人是亲戚，不好驳杜某的面子，并且认为既然是虚构合同，自己的公司应该不用承担责任，于是便答应了杜某的请求。没想到的是，当两公司虚构的产品购销合同的应收账款到期后，保理公司找到马某的公司，要求其偿还货款。马某以该应收账款是虚构的进行抗辩。请问，保理关系中，应收账款为虚构的，债务人能以应收账款不存在为由对抗保理人吗?

律师分析

保理关系中，保理商提供的服务，是建立在存在真实的基础交易合同，且债权人具有应收账款真实性的基础之上的。根据《民法典》第七百六十三条的规定："应收账款债权人与债务人虚构应收账款作为转让标的，与保理人订立保理合同的，应收账款债务人不得以应收账款不存在为由对抗保理人，但是保理人明知虚构的除外。"由此可见，在应收账款债权人与债务人虚构应收账款时，应收账款债务人是不能以应收账款不存在为由对抗保理人的。具体到本案中，杜某公司与马某公司虚构购销合同，应收账款不存在，如果保理公司事先不知道虚构的事实，马某公司是不能以应收账款不存在为由对抗保理公司的。

法条链接

《中华人民共和国民法典》

第七百六十二条 保理合同的内容一般包括业务类型、服务范围、服务期限、基础交易合同情况、应收账款信息、保理融资款或者服务报酬及其支付方式等条款。

保理合同应当采用书面形式。

第七百六十三条 应收账款债权人与债务人虚构应收账款作为转让标的，与保理人订立保理合同的，应收账款债务人不得以应收账款不存在为由对抗保理人，但是保理人明知虚构的除外。

温馨提示

保理关系的实质，就是应收账款的债权转让，在保理法律关系中，保理合同交易的真实性十分重要。因此，在签订保理合同时，保理人应当格外注重审查债权人应收账款信息，确保其真实性。债权人和债务人更不能以虚构债务的手段套取任何非法所得。

自测小题

问答：保理人明知债务人与债权人之间不存在交易关系还为其做保理的，债务人能以应收账款不存在为由对抗保理人吗？[①]（ ）

① 解答：能。

图书在版编目（CIP）数据

民法典合同法律常识小全书：案例自测实用版／全民普法图书中心著．—北京：中国法制出版社，2021.5
（生活中的法律常识系列）
ISBN 978－7－5216－1578－4

Ⅰ．①民… Ⅱ．①全… Ⅲ．①合同法－中国－通俗读物 Ⅳ．①D923.6－49

中国版本图书馆 CIP 数据核字（2021）第 017734 号

策划编辑：胡艺　　责任编辑：胡艺　刘阳　　封面设计：李宁

民法典合同法律常识小全书：案例自测实用版

MINFADIAN HETONG FALÜ CHANGSHI XIAOQUANSHU：ANLI ZICE SHIYONGBAN

著者/全民普法图书中心
经销/新华书店
印刷/三河市国英印务有限公司
开本/880 毫米×1230 毫米　32 开　　印张/6.25　字数/116 千
版次/2021 年 5 月第 1 版　　2021 年 5 月第 1 次印刷

中国法制出版社出版
书号 ISBN 978－7－5216－1578－4　　定价：29.80 元

北京西单横二条 2 号
邮政编码 100031　　传真：010－66031119
网址：http：//www.zgfzs.com　　**编辑部电话：010－66054911**
市场营销部电话：010－66033393　　**邮购部电话：010－66033288**

（如有印装质量问题，请与本社印务部联系调换。电话：010－66032926）